Werner und Susanne Lantermann

Amazonen

Eingewöhnung, Pflege, Ernährung,
Krankheiten, Zucht
Sonderteil: Das Verhalten der Amazonen

Mit Farbfotos bekannter Tierfotografen
und Zeichnungen von Fritz W. Köhler

GU
Gräfe und Unzer

Die Farbfotos auf dem Buchumschlag zeigen:
Umschlagvorderseite: Blaustirnamazone.
Umschlagseite 2: Blaustirnamazone im Flug.
Umschlagrückseite: Oben und unten links: Blaustirn-
amazone; unten rechts: Venezuelaamazone.

Die Fotografen
Angermayer: Seite 9; Elm: Seite 10 u. r.; de Grahl:
Seite 10 o. r.; Lantermann: Seite 47, 48 u. r., U 4
u. r.; Lantermann/Haase: Seite 19 unten; Maindok:
Seite 19 o. r.; H. Müller: Seite 10 u. r.; Reinhard:
U 2, U 3, U 4 oben; Scholtz: Seite 10 o. l., 48 o. l.,
o. r., u. r.; Skogstad: U 1, Seite 20; Wagner: Seite 19
o. l.; Wothe: Seite 37, 38, U 4 u. l.

CIP-Kurztitelaufnahme der Deutschen Bibliothek
Lantermann, Werner:
Amazonen: Eingewöhnung, Pflege, Ernährung,
Krankheiten, Zucht; Sonderteil: Das Verhalten
der Amazonen / Werner u. Susanne Lantermann.
Mit Farbfotos bekannter Tierfotogr. u. Zeichn.
von Fritz W. Köhler. – 1. Aufl. – München:
Gräfe und Unzer, 1987.
    (GU-Tier-Ratgeber)
    ISBN 3-7742-3445-0
NE: Lantermann, Susanne:

1. Auflage 1987
© Gräfe und Unzer GmbH, München

Redaktionsleitung: Hans Scherz
Lektorat: Renate Weinberger, Gabriele Kreitz
Herstellung: Helmut Giersberg
Umschlaggestaltung: Heinz Kraxenberger
Satz und Druck des Textteils:
Buch- und Offsetdruckerei Wagner GmbH
Reproduktion und Druck der Farbbilder und des
Umschlags: Graphische Anstalt E. Wartelsteiner
Bindung: R. Oldenbourg

ISBN 3-7742-3445-0

Werner Lantermann
Seit 1981 Leiter des Privatinstitutes für Papageien-
forschung in Oberhausen. Sein besonderes Interesse
gilt den Großpapageien Süd- und Mittelamerikas;
zahlreiche Veröffentlichungen in Fachzeitschriften,
Autor erfolgreicher Bücher über Papageienhaltung
und -zucht, darunter des GU Ratgebers »Das GU
Papageienbuch«.

Susanne Lantermann
Mitarbeiterin am Privatinstitut für Papageien-
forschung in Oberhausen und Mitautorin mehrerer
Bücher über afrikanische und südamerikanische
Papageien.

Hinweis und Warnung
Menschen, die an einer Feder- beziehungsweise Federstauballergie leiden, sollten keine Papageien halten. Fragen Sie im Zweifelsfall vor der Anschaffung
den Arzt.
Beim Umgang mit Papageien können Verletzungen
durch Bisse oder Kratzen vorkommen. Lassen Sie
solche Verletzungen sofort vom Arzt versorgen.
Psittakose (Papageienkrankheit) gehört zwar nicht zu
den häufigen Krankheiten der Papageien (→ Seite
34), aber sie kann bei Menschen und Papageien zum
Teil lebensgefährliche Krankheitserscheinungen hervorrufen. Deshalb: Gehen Sie bei Erkältungs- oder
Grippeerscheinungen (→ Seite 34) unbedingt zum
Arzt.

Inhalt

Ein Wort zuvor

Der Wunsch nach einer Amazone als Hausgenossen ist nur zu verständlich, denn Amazonen lassen sich – als Einzelvogel gehalten – schnell zähmen. Sie schließen sich meist rasch an ihren Pfleger an, viele von ihnen haben eine ausgeprägte Nachahmungsbegabung. Ihre Farbenpracht, ihr liebenswertes Wesen und ihre »hohe Intelligenz« faszinieren den Papageienliebhaber. Allzu oft aber wird spontan eine Amazone gekauft. Ihr zukünftiger Besitzer weiß womöglich nur wenig über ihre Lebens- und Haltungsansprüche. Haltungsfehler, die sowohl für die Amazone als auch für ihren Besitzer traurige Folgen haben, sind rasch gemacht. Wie lassen sich solche Fehler vermeiden? Die wichtigen Fragen, die sich bei der Amazonenhaltung stellen, werden in diesem GU Ratgeber erörtert und fachkundig beantwortet. Die Autoren wenden sich dabei nicht nur an den Halter einer Amazone, sondern auch an jene, die ein Amazonenpaar oder mehrere Amazonen halten möchten und es vielleicht sogar mit der Zucht versuchen wollen.

Werner und Susanne Lantermann sind Experten für Papageienhaltung und -zucht. Amazonen halten und züchten sie seit Jahren mit großem Erfolg. Ihre Erfahrungen und Kenntnisse geben sie in diesem Buch weiter: Sie erläutern ausführlich, was Sie über die artgemäße Haltung und Pflege von Amazonenpapageien wissen müssen. Dazu gehören die Überlegungen, wo Sie Amazonen kaufen können und worauf Sie beim Kauf achten müssen. Die Entscheidung, ob Sie Amazonen in einem Käfig, einer Zimmervoliere oder in einer Freivoliere mit Vogelhaus halten wollen, wird durch die ausführliche Beschreibung der Unterbringungsmöglichkeiten leicht gemacht. Schritt für Schritt erklären die Autoren die Eingewöhnung, das Zähmen eines Einzelvogels und wie er »sprechen« lernt; außerdem welche Beschäftigung Amazonen brauchen, um sich wohlzufühlen.

Die Anleitungen zur Pflege, richtigen Ernährung und Fütterung helfen Ihnen, Ihre Amazone beziehungsweise Ihre Amazonen gesund zu erhalten. Sie lernen aber auch, Krankheitszeichen zu erkennen und Erste-Hilfe-Maßnahmen zu treffen. Vor allem erfahren Sie, wie Sie eine einzeln gehaltene Amazone vor Verhaltensstörungen wie Dauerschreien oder Federrupfen bewahren können.

Den acht beliebtesten Amazonenarten, die heute noch unter Berücksichtigung der Artenschutzbestimmungen eingeführt werden, ist ein eigenes Kapitel gewidmet. Die Beschreibungen enthalten Angaben zu Aussehen, Verbreitung, Lebensraum sowie spezielle Ratschläge zur Haltung und Zucht.

Die Schilderung der Verhaltensweisen von Amazonen soll Ihnen helfen, diese Papageien besser zu verstehen. Sie werden auch erkennen, warum es zum einen artgerecht und zum anderen wünschenswert ist, Amazonen paarweise zu halten. Amazonenpapageien gehören zu den vom Aussterben bedrohten Tierarten. In dem Maß, in dem die Nachzucht von Amazonen gelingt, vermindert sich die Zahl der importierten Wildfänge. Zuchtbemühungen zur Arterhaltung gewinnen deshalb zunehmend an Bedeutung. Obwohl die Zucht nicht ganz einfach ist, wagen Sie vielleicht mit Hilfe dieses Ratgebers einen Versuch: Er enthält eine ausführliche Einführung in die Amazonenzucht. Dieser GU Ratgeber zeigt dem Anfänger den Weg zu einer artgerechten Amazonenhaltung und bietet auch dem erfahrenen Amazonenhalter gewiß neue, nützliche Anregungen.

Autoren und Verlag danken allen, die an diesem Buch mitgearbeitet haben: den Tierfotografen für die außergewöhnlich schönen Fotos, dem Zeichner Fritz W. Köhler für die informativen Zeichnungen und der Tierärztin Dr. Gabriele Wiesner für die Durchsicht des Kapitels »Gesunderhaltung und Krankheiten«.

Überlegungen vor der Anschaffung

Amazonen als Heimtiere

Amazonenpapageien – meist kurz Amazonen genannt – zählen zu den beliebtesten Großpapageien. Ihre Beliebtheit ist nur allzu verständlich, denn die meisten Amazonen lassen sich – als Einzelvogel gehalten – schnell zähmen, sie schließen sich meist rasch eng ihrem Pfleger an, und viele von ihnen haben eine ausgeprägte Nachahmungsbegabung. Im Gegensatz zu manch anderen Großpapageien gewöhnen sie sich recht problemlos an ein Käfig- oder Volierendasein. Auch ihr liebenswertes Wesen und ihre »hohe Intelligenz« faszinieren den Papageienliebhaber. All diese Vorzüge, die zeigen, daß Amazonen anpassungsfähige Papageien sind, verführen leider oft zu Spontankäufen. Vor einem unüberlegten Kauf jedoch müssen wir dringend warnen: Nur eine gut und richtig gehaltene Amazone wird sich zu einem Hausgenossen entwickeln, an dem Sie Freude haben.

Daneben gibt es noch einen weiteren gewichtigen Grund, der es verbietet, Amazonen unter nicht artgemäßen Bedingungen zu halten, und der außerdem Anlaß zur Abkehr von der Einzelhaltung und stattdessen Hinwendung zur paarweisen Haltung und zu Zuchtversuchen bieten sollte: Der Fortbestand vieler Amazonenarten in der Natur ist in starkem Maße gefährdet. 11 der 27 Amazonenarten sind zur Zeit laut Auskunft des Washingtoner Artenschutzübereinkommens (Anhang I) stark gefährdet oder gar vom Aussterben bedroht. Alle anderen Arten unterliegen ebenfalls gesetzlich geregelten Schutzbestimmungen (→ Seite 35).

Das ist vor dem Kauf zu bedenken

Prüfen Sie vor der Anschaffung einer Amazone genau, ob Sie ihre Lebensansprüche erfüllen können. Bedenken Sie vor allem folgende Dinge:

• Der Papagei braucht viel Zuwendung durch den Pfleger, vor allem dann, wenn er allein, ohne Artgenossen, gehalten wird.
• Er muß Bewegungsfreiheit (Kletterbaum, Freiflug) haben.
• Er braucht Beschäftigungsmöglichkeiten.
• Papageien können sehr alt werden, und Sie müssen ein ganzes Papageienleben lang für den Vogel sorgen.
• Wichtig vor allem, wenn Amazonen in der Wohnung gehalten werden: Amazonen machen Schmutz, das läßt sich nicht vermeiden.
• Papageien können sehr laut schreien, das kann unter Umständen zu Schwierigkeiten mit lärmempfindlichen Nachbarn führen – vorher klären, ob die Nachbarn (und auch der Vermieter!) Papageienhaltung dulden. Am besten ist eine schriftliche Bestätigung.
• Verträgt sich die Amazone mit bereits vorhandenen Haustieren (→ Seite 7)?
• Menschen, die an einer Feder- beziehungsweise Federstauballergie leiden, sollten keine Papageien halten. (Fragen Sie im Zweifelsfall den Arzt!)

Soziale Gefiederpflege: Zwei Amazonen, die gut miteinander harmonieren, putzen sich häufig und ausdauernd gegenseitig das Gefieder.

Hinweis: Wenn Sie Amazonen in einer Freivoliere halten – eventuell auch züchten – wollen, so informieren Sie sich in dem Kapitel »Amazonenzucht« (→ Seite 35).

Einzelvogel oder Paar?

Diese Frage sollten Sie vor dem Kauf klären, zumindest aber wissen, warum sie bei der Papageienhaltung so wichtig ist.

Das Kratzen am Kopf gehört zur Gefiederpflege. Die Kratzbewegungen erfolgen so schnell, daß man sie mit den Augen kaum verfolgen kann.

Der Einzelvogel: Der Neuling in der Papageienhaltung wird sicherlich mit einer einzelnen Amazone beginnen. Er wird vermutlich versuchen, sie zu zähmen und ihr das »Sprechen« beizubringen. Es sei keineswegs bestritten, daß Einzelvögel über einen gewissen Zeitraum (zumindest bis zum Eintritt der Geschlechtsreife) bei andauernder Zuwendung durch den Pfleger im psychischen Gleichgewicht bleiben und somit ideale Stubenvögel abgeben. Mit beginnender Geschlechtsreife – etwa im vierten oder fünften Lebensjahr – sind bei vielen Einzelvögeln auffällige Verhaltensänderungen zu beobachten. Der Papagei ist unruhig, Amazonen-

weibchen legen häufig unbefruchtete Eier auf dem Käfigboden ab. Auch der Beginn des Federrupfens und andere psychische Störungen werden zu dieser Zeit am häufigsten registriert.

Das Paar: Wer sich mit der Lebensweise und den Verhaltensweisen von Großpapageien näher beschäftigt, wird zugeben müssen, daß der Mensch als Ersatzpartner doch nicht alle sozialen Bedürfnisse eines Papageien auf Dauer erfüllen kann. Das paarweise Zusammenleben gehört nun einmal zu den natürlichen Verhaltensweisen der Amazonen und der meisten anderen Großpapageien. Auch wenn Sie sich nicht gleich zur Anschaffung eines Pärchens entschließen können, sollten Sie diese Möglichkeit nicht für alle Zukunft ausschließen. Miteinander harmonierende Papageien zeigen in der Zweisamkeit faszinierende Verhaltensweisen, die den Papageienhalter sicherlich dafür entschädigen, daß nun nicht mehr er, sondern der zweite Vogel die Partnerrolle spielt. Das bedeutet keineswegs, daß einmal gezähmte und »sprechende« Papageien nach einer Paarbildung sich ihrem Pfleger gegenüber abweisend verhalten oder »stumm« werden.

Wichtig: Für Papageienpfleger, die ganztags außer Haus sind und sich deshalb kaum um Ihre Amazone kümmern können, kommt – wenn überhaupt – nur die paarweise Papageienhaltung in Frage.

Kinder und Amazonen

Babys und Kleinkinder sollten Sie niemals ohne Aufsicht mit einem Papagei alleine lassen. Eine Amazone kann manchmal sehr eifersüchtig sein, vor allem dann, wenn Babys oder kleine Kinder ihr die Sonderstellung in der Familie streitig machen. Möglicherweise greift sie das Kind an und verletzt es mit den spitzen Krallen und dem kräftigen Schnabel. Nach der Geburt eines Babys müssen Sie darauf achten, daß Sie die Amazone nicht vernachlässigen, dann wird sie sich in den meisten Fällen bald an den Neuankömmling gewöhnt haben. Aber, wie gesagt, die beiden nie unbeaufsichtigt lassen.

Ältere Kinder und Jugendliche können Schritt für Schritt mit den Gewohnheiten einer Amazone vertraut gemacht werden. Sie lernen mit der Zeit, richtig mit einer Amazone umzugehen.

Amazonen und andere Heimtiere

Hunde und Katzen: Amazonen gewöhnen sich in der Regel bereits nach kurzer Zeit an einen Hund oder an eine Katze. Beide »Parteien« lernen rasch, sich gegenseitig zu akzeptieren. Grundsätzlich ist ein großer Hund oder auch eine Katze einer Amazone körperlich überlegen, aber man sollte die Verteidigungsmöglichkeiten eines wehrhaften Papageien keineswegs unterschätzen. In der ersten Zeit beobachten Sie die Tiere am besten, bis Sie sicher sind, daß die beiden »Parteien« sich vertragen oder sich zumindest gegenseitig in Ruhe lassen.

Kleinsäuger: Amazonen können Hamstern, Meerschweinchen, Mäusen oder Streifenhörn-

chen durchaus gefährlich werden, wenn sie richtig zubeißen. Beobachten Sie, wie Ihre Tiere miteinander auskommen; in manchen Fällen ist eine räumlich getrennte Unterbringung ratsam.

Kleinere Vögel: Manche Amazonen ignorieren kleinere Vögel einfach, vielfach kann die Begegnung aber auch tödlich für den kleinen Vogel sein.

Hinweis: Allgemeingültige Verhaltensregeln für das Zusammenleben unterschiedlicher Heimtiere lassen sich nicht aufstellen. »Innige Freundschaften« sind ebenso möglich wie »gefährliche Feindschaften«. Man muß oft einfach ausprobieren, was geht und was nicht. Auf jeden Fall sollten Sie immer wachsam sein, um notfalls helfend und schützend eingreifen zu können.

Versorgung im Urlaub

Bevor Sie sich einen Papagei ins Haus holen, muß geklärt sein, wer den Vogel während des Urlaubs oder im Krankheitsfall versorgt. Meist wird sich ein Familienmitglied oder Nachbar finden, der die Fütterung und die unvermeidbaren Pflegearbeiten übernimmt. Denken Sie aber daran, ein Einzelvogel braucht auch während Ihrer Abwesenheit Zuwendung und Ansprache! Oft übernehmen Papageienfreunde, die in einem Ort wohnen, wechselweise die »Urlaubsvertretung«. Vorteilhaft ist es, wenn Amazonen in ihrer gewohnten Umgebung bleiben können. Notfalls kann man seine Papageien dem ortsansässigen Zoofachhändler bringen, der sie gegen Entgelt in seine Obhut nimmt (rechtzeitig erkundigen, ob er Platz und Zeit genug für Papageien hat).

Abwehrhaltung. Mit angehobenem Fuß droht die Amazone dem Artgenossen, um ihn von seinem Platz zu vertreiben.

Ratschläge für den Vogelkauf

Wo man Amazonen bekommt

Zoofachhandel: Vor allem die Anfänger in der Papageienhaltung sollten sich zunächst in einem gut geführten Zoofachgeschäft oder in der Zoofachabteilung großer Kaufhäuser nach dem neuen Hausgenossen umsehen. Bei den meisten dort angebotenen Amazonen handelt es sich um Wildfänge, die in ihren Heimatländern gefangen werden und per Flugzeug und auf Bestellung zu einem Großhändler (Direktimporteur) gelangen. Dort erwartet die Papageien eine gesetzlich angeordnete Quarantänezeit von derzeit 45 Tagen, in denen sie einer Psittakose-Prophylaxe (→ Seite 34) unterzogen werden. Die Quarantänestationen werden von einem Tierarzt betreut und überwacht. Nach dieser zum Teil sehr belastenden Prozedur gelangen die Vögel zu den Einzelhändlern.

Direktimporteur: Bei ihm findet man häufig eine reichhaltige Auswahl an Papageien. Manche Direktimporteure sind bereit, an Papageienliebhaber ein Einzeltier zu verkaufen. Jedoch nur wer viel Erfahrung im Eingewöhnen von Papageien besitzt (→ Seite 18), sollte beim Direktimporteur kaufen. Durch die verhältnismäßig kurze Eingewöhnungszeit (die Quarantänezeit) besteht eher die Möglichkeit, daß solche Tiere erkranken, als wenn man eine Amazone erwirbt, die noch einige Wochen von einem sachkundigen Zoofachhändler betreut und beobachtet wurde.

Züchter: Viele Papageienliebhaber möchten Ihre Amazone gerne bei einem Züchter erwerben. Ihnen sei (bedauerlicherweise) gesagt, daß es Amazonenzüchter derzeit (noch) nicht gibt. Es gibt engagierte Amazonenhalter, denen in unregelmäßigen Abständen und oft rein zufällig die Aufzucht mehrerer Jungvögel gelingt, aber von einer Zucht im eigentlichen Sinne kann nicht die Rede sein (→ Seite 35). Die Gesamtzahl aller in der Bundesrepublik geborenen Amazonenbabys läßt sich nur vermuten. Sie beträgt wahrscheinlich etwa 60 bis 100 Tiere pro Jahr. Die Chance, eine nachgezüchtete Amazone zu erwerben, ist also denkbar gering. Manchmal nehmen allerdings Zoofachhändler und die wenigen »Züchter« Vorbestellungen auf die zu erwartende Jungbrut der nächsten Jahre an. Die Vorteile einer in Menschenobhut geborenen Amazone liegen auf der Hand. Zum einen trägt der Ankauf nicht zur Dezimierung des Naturbestandes bei, zum anderen ist die Amazone bereits gut an unser Klima gewöhnt. Vor den Menschen hat solch ein Papagei erfahrungsgemäß wenig Scheu. Es wäre zu wünschen, daß sich in Zukunft die Zahl der in Menschenobhut geborenen Amazonen spürbar erhöht.

Worauf Sie beim Kauf achten sollten

Nehmen Sie sich zum Kauf Ihrer Amazone viel Zeit. Vergewissern Sie sich zunächst, daß die Unterkunft der angebotenen Papageien sauber und das Futterangebot richtig zusammengesetzt ist. Anschließend sollten Sie sich die Amazonen genau anschauen. Für Laien – gelegentlich auch für den Fachmann – ist es zwar nicht ganz einfach, den Gesundheitszustand einer Amazone zu beurteilen, aber einige Anhaltspunkte können Ihnen helfen, zu einem halbwegs gesicherten Urteil zu kommen.

Das Verhalten: Betrachten sie die in Frage kommende Amazone zuerst eine Zeitlang aus

Zwei Amazonen, die sich gut vertragen. ▷
Links im Bild eine Gelbwangenamazone (Rasse *Amazona autumnalis salvini* = Salvinsamazone), rechts Venezuelaamazone (*Amazona amazonica*).

einiger Entfernung. Sie soll munter sein (Ausnahmen bilden natürlich die häufig eingelegten Ruhephasen), gelegentlich im Käfig herumklettern, keine Zwangsbewegungen (Bewegungsstereotypien) erkennen lassen, beim Ruhen auf einem Bein hocken, beim Fressen größere Futterbrocken in einen Fuß nehmen und ohne Schwankungen und Gleichgewichtsstörungen auf dem anderen sitzen können.

Das Aussehen: Beobachten Sie den Papageien nun aus der Nähe. Seine Augen sollten klar und glänzend sein, die Nasenlöcher trocken und frei, die Nasenumgebung ebenfalls trocken und nicht von kleinen Federteilchen verklebt. Ist das nicht der Fall, dann sollten Sie vom Kauf absehen. Nicht zu empfehlen ist auch der Erwerb einer Amazone, bei der Sie äußere Verletzungen oder Schnabelfehler (abgebrochene Schnabelteile, Stellungsanomalien von Ober- und Unterschnabel) feststellen. Fehlende Zehen, Zehenglieder oder Krallen sind Schönheitsfehler, die – von allzu drastischen Ausnahmen abgesehen – nicht zum Aufgeben der Kaufabsicht führen sollten.

Ein glänzendes, glattes und farbgesättigtes Gefieder deutet darauf hin, daß die Amazone gesund ist. Aber beinahe alle frisch importierten Papageien haben ein mattes, zum Teil unvollständiges und abgestoßenes Gefieder – als Folge von Fang und Transport – ohne deshalb krank zu sein.

Der Kot: Bei einem gesunden Papageien besteht der Kot aus einem olivgrünen und einem weißen Harnanteil mittelfester Konsistenz. Farblich davon abweichender, aber auch breiiger oder wäßriger Kot kann auf eine Erkrankung des Verdauungstraktes hinweisen. Futterveränderungen und ungewohnte Ereignisse (Schreck zum Beispiel) können bei einem Papageien für kurze Zeit durchfallähnliche Erscheinungen hervorrufen, ohne daß er gleich als krank zu bezeichnen wäre (→ Seite 32).

Der Ernährungszustand: Bitten Sie den Verkäufer, den ausgewählten Papagei einzufangen, damit Sie sich über den Ernährungszustand des Vogels informieren können. Tasten Sie vorsichtig mit der Hand seine Brustmuskulatur ab: Fleischiges Muskelgewebe beiderseits des gut fühlbaren Brustbeinkammes kennzeichnet einen gut genährten Papageien. Eingefallene Muskelpartien mit scharf hervortretendem Brustbeinkamm sind typisch für einen Hungervogel. Unerfahrene Papageienhalter sollten ihn nicht kaufen.

Die Flügel: Wenn man die Amazone in der Hand hält, ist es leicht, die Vollständigkeit der Schwingen beziehungsweise den Grad der meist schon im Ursprungsland erfolgten Beschneidung der Schwungfedern zu kontrollieren. Aufmerksamkeit ist dem Außenglied (dritter Finger des Mittelhandknochens) zu widmen. Es ist gelegentlich bei allzu drastischen Beschneidungsmethoden in Mitleidenschaft gezogen, wodurch die Federn an dieser Stelle nicht mehr wachsen und der Papagei nicht mehr fliegen kann.

Altersbestimmung

Das genaue Alter einer Amazone läßt sich – mit Ausnahme der nachgezogenen Vögel – nicht feststellen. Bei einem frisch importierten Papageien kann man davon ausgehen, daß er mindestens sechs Monate alt ist, wenn man Nestlingszeit, vorübergehenden Aufenthalt im Lager ei-

◁ Beliebte Amazonenarten.
Oben links: Grünwangenamazone (*Amazona viridigenalis*); oben rechts: Gelbscheitelamazone (Rasse *Amazona ochrocephala panamensis* = Panamaamazone); unten links: Blaukappenamazone (*Amazona finschi*); unten rechts: Mülleramazone (*Amazona farinosa*).

nes südamerikanischen Tierfängers und Quarantänezeit zugrunde legt. Bei Einzelhändlern muß man die Zeit, die der Papagei dort verbracht hat, natürlich noch hinzurechnen. Möglich ist aber auch, daß der Vogel wesentlich älter ist, denn auch erwachsene Papageien werden gefangen und in den Handel gebracht.

Kennzeichen von Jungvögeln
Zu erkennen sind Jungvögel an einer schmutzig-graubraunen Iris, an matten Gefiederfarben, gegenüber Altvögeln weniger ausgeprägten Farbkennzeichen, feinen Hornschüppchen an den Füßen und glattem Schnabel ohne Hornauflagerungen. Jungvögel sind insgesamt kleiner und leichter als erwachsene Tiere.

Strecken. Nach einer Ruhe- oder Schlafphase strecken Papageien sich – ein Vergleich zu unserem morgendlichen »Räkeln« liegt nahe.

Die Irisfärbung unterliegt bei allen Amazonen einem farblichen Wandel und erreicht – zumindest bei den bisher gut bekannten Arten – innerhalb von zwei bis drei Jahren ihre endgültige, meist rote, rot-orange oder kastanienbraune Färbung. Farbverteilung und Farbintensität des Gefieders sind erst im fünften Jahr voll ausgeprägt. Für den Papageienneuling ist der Unterschied zwischen Jung- und Altvogel kaum festzustellen.

Geschlechtsbestimmung

Von zwei Ausnahmen abgesehen sind Amazonenmännchen und -weibchen aufgrund äußerer Geschlechtsmerkmale nicht voneinander zu unterscheiden. Die vielen äußeren Bestimmungsmerkmale, die in der Papageienliteratur und unter Papageienfachleuten heftig diskutiert werden, sind viel zu unsicher, um sich darauf verlassen zu können.
Für den Einzelvogelhalter ist es belanglos, welches Geschlecht seine Amazone hat, da sowohl Männchen als auch Weibchen die gleiche »Eignung« als Stubenvogel haben.

Endoskopie
Für den Züchter dagegen ist es wichtig, seine Vögel geschlechtlich zu bestimmen, um jahrelange Fehlversuche bei der Zucht zu vermeiden. Als inzwischen verhältnismäßig risikoarme Methode hat sich die Laparoskopie (Endoskopie der Bauchhöhle) erwiesen. Gegen eine Gebühr wird sie von vielen Tierärzten und Vogelkliniken mit beinahe hundertprozentigem Erfolg durchgeführt. Die zu bestimmende Amazone muß narkotisiert werden; ein kleiner Schnitt unterhalb der letzten Rippe schafft Durchgang für ein Endoskop (ein winziger Spiegel mit Beleuchtungskörper), mit dem direkt die Geschlechtsorgane betrachtet werden können. Nach dem Erwachen aus der Narkose gibt es in der Regel keinerlei Komplikationen, und der Vogel sitzt schnell wieder auf der Stange.
Wichtig: Geschwächte, kranke und Quarantänevögel sollten nicht endoskopiert werden.

Amazonenarten mit äußeren Geschlechtsmerkmalen
Zwei Amazonenarten, die Goldzügelamazone (*Amazona xantholora*) und die Weißstirnamazone (*Amazona albifrons*) sind aufgrund der

Gefiederfärbung geschlechtlich zu bestimmen. Die Goldzügelamazone kommt kaum in den Handel, so daß für die Mehrzahl der Papageienhalter nur die Unterscheidungsmerkmale der Weißstirnamazone von Bedeutung sind. Männliche Weißstirnamazonen weisen einen rotgefärbten Flügelbug und -spiegel auf, während weibliche Tiere in diesem Bereich in der Regel rein grün gefärbt sind. Weibchen mit vereinzelten roten Flügelbugfedern sind in der Literatur allerdings gelegentlich beschrieben worden.

Formalitäten beim Kauf

Beim Kauf der ausgewählten und begutachteten Amazone sind noch einige Formalitäten zu erledigen:
• Die Amazone muß einen amtlichen Fußring tragen mit einer Nummer, die der Verkäufer zusammen mit Ihrer Adresse in seinen Unterlagen vermerken muß.

Schlafstellung. Gesunde Papageien schlafen auf einem Bein, das andere Bein wird ins Bauchgefieder gezogen, der Kopf wird um 180 Grad nach hinten gedreht und ins Rückengefieder gesteckt.

• Im Zoofachgeschäft ist es eine Selbstverständlichkeit, daß Sie eine ordnungsgemäße Rechnung bekommen, auf der ebenfalls die Ringnummer notiert ist. Kaufen Sie an anderer Stelle, bitten Sie den Verkäufer unbedingt um eine Rechnung, die Name und Anschrift von Verkäufer und Käufer, den Kaufpreis sowie die Ringnummer enthält.
• Verlangen Sie eine CITES-Bescheinigung, ie heute für jedes im Washingtoner Artenschutzabkommen aufgeführte Tier (Anhang I und II) vom Zoofachhändler beschafft werden kann, wenn das Tier legal eingeführt wurde.
• Falls eine Geschlechtsbestimmung der Amazone nach Aussagen des Verkäufers bereits erfolgt ist, fordern Sie eine schriftliche Bestätigung.
• Die zum Zeitpunkt des Kaufs geltenden Artenschutzbestimmungen müssen beachtet werden – in einem guten Zoofachgeschäft wird das immer der Fall sein. In anderen Fällen ist es ratsam, sich vor dem Kauf über die Bestimmungen zu informieren (→ Washingtoner Artenschutzabkommen, Seite 35).
Anzeige- und Meldepflicht: Wer Papageien (und Sittiche mit Ausnahme des Wellensittichs, Nymphensittichs und Kleinen Alexandersittichs), also auch alle Amazonen, hält, hat nach der neuen Bundesartenschutzverordnung vom 19. Dezember 1986 der nach Landesrecht zuständigen Behörde (im Regelfall: Regierungspräsidien, Naturschutzbehörden) binnen vier Wochen nach in Besitznahme den Zu- oder auch Abgang des Tieres schriftlich anzuzeigen (§ 10 Abs. 3 BArtSchV). Die Anzeige muß Angaben enthalten über Zahl, Art, Alter, Geschlecht, Herkunft, Verbleib, Standort, Verwendungszweck und Kennzeichnung der Tiere. Es empfiehlt sich, der Anzeige die Kaufbescheinigung und die CITES-Bescheinigung in Fotokopie beizufügen.

Die Unterbringung

Der Zimmerkäfig

Die Mehrzahl aller Amazonen wird in einem
Käfig in der Wohnung gehalten. Der Käfig darf
für die Amazone nicht zu einem einengenden
Gefängnis werden, deshalb sollten Sie nur einen Käfig kaufen, in dem die Amazone sich
auch wohl fühlen kann.

Gut ausgestatteter Papageienkäfig (Modell Wagner
& Keller). In solch einem Käfig können zwei Amazonen leben, wenn sie regelmäßig Freiflug bekommen.

Die Käfiggröße: Die handelsüblichen Papa-
geienkäfige mit den Maßen 40×40×60 cm oder
40×40×80 cm sind selbst für eine einzeln gehaltene Amazone viel zu klein. Nützlich sind
diese Käfige während der kurzen Eingewöhnungszeit oder zur Pflege einer erkrankten
Amazone, als Dauerunterkunft für eine Amazone kommen sie nicht in Frage. Um das Bewegungsbedürfnis einer Amazone in ausreichendem Maße zu befriedigen, sollten Sie sich in
jedem Fall für einen der Käfige, die unter der
Bezeichnung »Zimmervoliere« in Zoofachge-
schäften und in den Zoofachabteilungen großer
Kaufhäuser angeboten werden, entscheiden.
Sie sind 100 bis 150 cm hoch und haben eine
Grundfläche von etwa 60×100 cm. Es gibt eine
ganze Reihe von Modellen, so daß Sie sicher
einen amazonengerechten Käfig finden, der zu
Ihrer Wohnungseinrichtung paßt (falls Sie darauf großen Wert legen).
Käfigform: Ein Papageienkäfig sollte eine
rechteckige oder quadratische Grundfläche haben; runde Käfige sind ungeeignet.
Das Gitter: Da Amazonen gerne klettern, müssen die Gitterstäbe wenigstens an zwei Käfigsei-
ten waagerecht verlaufen. Der Abstand zwischen den Gitterstäben sollte mindestens
15 mm und höchstens 25 mm betragen. Die
Gitterstäbe müssen so dick sein, daß auch eine
große Amazone sie weder verbiegen noch
durchbeißen kann.
Bodenschale: Eine Schmutzfangschale, die wie
eine Schublade aus der Bodenschale herauszu-
ziehen ist, erleichtert die regelmäßigen Reinigungsarbeiten. In manchen Käfigen ist einige
Zentimeter über dem Boden ein Gitterrost angebracht, der die Amazone von ihren Ausscheidungen und den Futterresten fernhalten soll,
um Krankheitsrisiken zu vermindern. Dieses
Bodengitter verhindert jedoch, daß der Vogel
die verdauungsfördernden Steinchen aus der
Sandeinstreu aufnehmen kann. Wenn Sie das
Gitter nicht entfernen wollen, bieten Sie unbe-

dingt einen guten Vogelsand oder Grit in einem separaten Futternapf an. Bekommt die Amazone über längere Zeit diese lebenswichtigen Steinchen nicht, so kann das schwerwiegende Folgen für die Amazone haben, sogar zu ihrem Tod führen.

Käfigtür: Sie muß so groß sein, daß Sie bequem ins Käfiginnere fassen können, und der Vogel problemlos heraus- und hereinklettern kann.

Die Zimmervoliere

Empfehlenswert für Amazonen sind Zimmervolieren mit einer Höhe von mindestens 180 cm und einer Grundfläche von wenigstens 100×150 cm. Eine Unterkunft dieser Größe eignet sich für einen Einzelvogel, aber auch für ein Amazonenpaar.

An der Rückwand, die meist aus einer durchgehenden Holzplatte besteht, läßt sich gut ein Nistkasten befestigen.

Das Angebot reicht von vorgefertigten Zimmervolieren bis zu Bausätzen und Gitterteilen in verschiedenen Abmessungen. Lassen Sie sich am besten von einem Zoofachhändler beraten, er wird Ihnen den Herstellerkatalog zeigen und Ihnen bei der Auswahl einer passenden Voliere helfen. Handwerklich versierte Papageienhalter können natürlich auch selbst zum Schweißgerät greifen und aus verzinkten Vierkantprofilen (15×15 mm oder stärker) eine große Zimmervoliere bauen (→ auch Vogelhaus und Freivoliere, Seite 17).

Einrichtung von Käfig und Zimmervoliere

Sitzstangen: Geeignet sind runde Buchenholzstäbe (Durchmesser 25 bis 35 mm). Sehr zu empfehlen sind Äste unterschiedlicher Stärken von ungespritzten Obstbäumen (vorsichtshalber unbedingt mit heißem Wasser abbürsten).

Sie haben den Vorteil, daß sich durch ihre rauhe Oberfläche die Krallen der Amazone auf natürliche Weise abnutzen und nicht eingekürzt werden müssen. Zudem ermöglichen die unterschiedlichen Aststärken den Papageien eine Art »Fußgymnastik«, die dem Erlahmen ihrer Füße vorbeugt.

Futter- und Trinknäpfe: Genormte Plastik- oder Steingutnäpfe sind beim Käfigkauf im Preis meist inbegriffen; Ersatz oder weitere Näpfe (es sollten vier sein, → Seite 29) bekommen Sie im Zoofachhandel. Plastiknäpfe sollten nach rund zwei Jahren ausgetauscht werden, da sie dann nicht mehr restlos zu reinigen sind. Futter- und Trinknäpfe nicht unter Sitzstangen anbringen, damit sie nicht vom herabfallenden Kot verunreinigt werden. Näpfe, die auf einem Futterbrett stehen – in großen Volieren ist das oft der Fall –, so montieren, daß die Papageien sie nicht auf den Boden werfen können. Sehr praktisch für Käfig und Voliere sind die nicht rostenden Futter- und Wassernäpfe aus Metall mit speziellen Halterungen (im Zoofachhandel erhältlich).

Badeschale: Viele Amazonen baden gerne und suchen mehrmals am Tag die Badeschale auf. Gut geeignet sind flache, innen glasierte Blumentopfuntersetzer aus Ton mit einem Durchmesser von 25 bis 30 cm. Badeschale auf den Käfigboden stellen oder – vor allem praktisch in der Freivoliere – in etwa 1 m Höhe vom Boden in einer Spezialhalterung (im Zoofachhandel erhältlich) befestigen.

Beschäftigungsgegenstände: Klettertaue, großgliedrige Ketten, frische Äste zum Benagen, saubere Steine, die der Vogel in den Schnabel nehmen, aber nicht verschlucken kann und Papageienspielzeug aus Holz (Zoofachhandel) verschaffen sowohl dem Einzelvogel als auch den Volierenvögeln Abwechslung und Beschäftigungsmöglichkeit.

Standort von Käfig und Zimmervoliere: Ein Papageienheim darf nicht ständig hin- und hergerückt werden, muß vor Zugluft geschützt stehen und sollte nicht Zigarettenqualm und Küchendünsten ausgesetzt sein.

Gut geeignet ist eine ruhige Ecke im Wohnzimmer, die hell, luftig, zugfrei und gelegentlich sonnig ist. Stellen Sie den Käfig nie mitten in den Wohnraum; ohne Rückendeckung durch eine Wand oder Zimmerecke fühlt sich der Vogel unsicher.

Der Käfig darf nicht auf dem Boden stehen, Amazonen fühlen sich am wohlsten und sichersten, wenn sie von einer etwas erhöhten Warte aus (in Augenhöhe) ihre Umgebung überblicken können.

Den Käfig eines Einzelvogels sollten Sie in jedem Fall in ein häufig benutztes Zimmer stellen, damit der Papagei am Familienleben teilnehmen kann und sich nicht langweilt.

Freisitz und Kletterbaum

Eingewöhnte, handzahme Amazonen können stundenweise, in einigen Fällen sogar ständig, auf einem Freisitz oder Kletterbaum gehalten werden. Für die Amazone ist es eine willkommene Abwechslung, der Papageienhalter kann gut Kontakt zu seinem Vogel halten und sich an seinen Kletterkünsten erfreuen.

Freisitze bekommen Sie fertig im Zoofachhandel. Bastler, die ihrem Papagei mehr bieten wollen als die mitgelieferten glatten Rundholzstangen, können mit Hilfe von Naturästen den Freisitz noch abwechslungsreicher gestalten (→ Zeichnung rechts).

Für einen Kletterbaum brauchen Sie ein verzweigtes Aststück oder einen kleinen Baum sowie einen sandgefüllten Behälter (Mörtelfaß oder Blumenbottich). Aststück oder Baum muß in dem Behälter mittels Metallwinkeln sicher befestigt werden.

Die Haltung auf einem Kletterbaum oder Freisitz ist sehr zu empfehlen, aber in der Regel

müssen Sie die Amazone beaufsichtigen. Flugfähige Amazonen unternehmen gerne Ausflüge durch die Wohnung und können dort Schäden anrichten oder auch selbst Schaden nehmen. Amazonen, denen die Flügel einseitig beschnitten wurden, verlassen den Freisitz oder Kletterbaum nur selten freiwillig, weil sie zu Anfang oft schmerzlich erfahren mußten, welche Folgen das Abfliegen mit nur einem intakten Flügel hatte.

Papageienfreisitz: Mit Naturästen läßt sich ein im Zoofachhandel gekaufter Freisitz abwechslungsreich gestalten.

Für den Kletterbaum im Garten eignen sich Obstbäume hervorragend. Der Baum muß auf eine übersehbare Höhe eingekürzt werden. Obstbäume, die man erhalten möchte, sollte man allerdings nicht den Schnäbeln von Amazonen aussetzen. Die Haltung im Freien kommt nur bei gutem Wetter, mit flügelgestutzten Amazonen und unter (lockerer) Aufsicht in Frage, denn Amazonen könnten vom Baum fallen oder herabklettern und anschließend »entlaufen« beziehungsweise Opfer von herumstreunenden Katzen oder von Nachbars Hunden werden.

Vogelhaus und Freivoliere

Wenn Sie mehrere Papageien halten und vielleicht sogar züchten wollen, empfehlen wir die Anlage eines Vogelhauses mit daran anschließender Freivoliere. In der Fachliteratur (→ Seite 56) finden Sie Bauanleitungen, mit deren Hilfe Sie solch eine Anlage selber bauen können; oder Sie beauftragen eine ortsansässige Baufirma.

Tips für den Bau des Vogelhauses

Zur Erleichterung Ihrer Planung anschließend einige grundsätzliche Dinge, die Sie beim Bau eines Vogelhauses bedenken sollten:
• Erkundigen Sie sich bei der örtlichen Baubehörde, ob eine Baugenehmigung nötig ist.
• Nach unseren Erfahrungen ist ein aus Steinen gemauertes Vogelhaus für die Papageienhaltung am besten geeignet (Holz hat einige Nachteile, zum Beispiel wegen der »Nagefreudigkeit« vieler Amazonen).
• Das Vogelhaus braucht ein Betonfundament.
• Vergessen Sie nicht Fenster (am besten aus Glasbausteinen) und Türen einzuplanen (nach den Türmaßen vorab erkundigen).
• Das Dach wird am besten aus Gasbetonsteinen oder Holz hergestellt. Zur Dachabdichtung leistet Teerpappe gute Dienste.
• Für Amazonenpapageien muß das Haus im Winter schwach beheizt werden, wegen der Heizkosten ist eine Isolierung zu empfehlen.
• Den Durchflug zur Freivoliere schaffen schwenkbare Glasbausteinfenster oder Blechschieber.
• Die Ausstattung des Vogelhauses mit Licht (Leuchtstoffröhren), mehreren Feuchtraum-

steckdosen, einer Heizquelle und fließendem Wasser einschließlich Abfluß ist sehr vorteilhaft.
• Die Größe des Schutzraumes: ausreichend pro Amazonenpaar ist eine Grundfläche von 1×1 m und eine Höhe von 1,50 bis 2,00 m (kleiner sollte der Raum nicht sein).
• Die Ausstattung des Innenraumes besteht aus Futterbrett (mit einschiebbaren Näpfen), wenigen Sitzstangen und einem Nistkasten.

Die Freivoliere

Die Freivoliere wird direkt an das Vogelhaus angebaut, so daß die Papageien in Schlechtwetterperioden oder auch im Winter ungehindert den beheizten Innenraum aufsuchen können. Einige kurze Informationen zum Volierenbau:
• Ratsam ist es, ein Betonfundament – etwa 60 bis 80 cm tief – anzulegen, um Ratten und andere ungebetene »Gäste« fernzuhalten.
• Für Amazonen genügen zwei bis drei Meter Länge, die Breite richtet sich nach der Breite der Innenvolieren.
• Verschweißte, verzinkte Stahlrohrgestelle sind als Volierengerüst am besten geeignet.
• Ein Teil der Voliere wird mit verzinktem Blech oder Kunststoffplatten überdacht, der Rest mit Draht bespannt (verzinktes Viereckgeflecht, Maschenweite 12,5×25 mm, 17,5×17,5 mm oder 25×25 mm, Drahtstärke mindestens 1 mm).
• Als Bodenbelag empfehlen wir Gehwegplatten. Eine geschlossene Betondecke führt bei Dauerregen zum Anstauen des Wassers, naturbelassene Böden sind in kurzer Zeit so mit Krankheitserregern angereichert, daß eine hygienische Papageienhaltung nicht mehr gewährleistet ist.
• In der Freivoliere werden – je nach Größe – mindestens zwei möglichst weit voneinander entfernte Sitzstangen (als Anregung zum Fliegen), ein verzweigter Kletter- und Nagebaum sowie eine Badeschale installiert.

Eingewöhnung, Haltung und Pflege

Der Heimtransport

Eine neu erworbene Amazone sollte möglichst umgehend in ihr künftiges Zuhause gebracht werden. Als Transportbehälter eignen sich Kisten aus Holz oder feste Pappkartons mit den Maßen von etwa 25×25×45 cm.
Für kurze Fahrten reicht ein Pappkarton, der mit Luftlöchern versehen sein muß.
Für längere Fahrten brauchen Sie einen stabilen Transportbehälter, der eine Sitzstange und einen gefüllten Futternapf enthalten soll. Ideal sind die speziellen Tiertransportkisten mit einer drahtbespannten Lüftungsöffnung – im Zoofachhandel erhältlich, oder Sie bauen die Transportkiste selber.

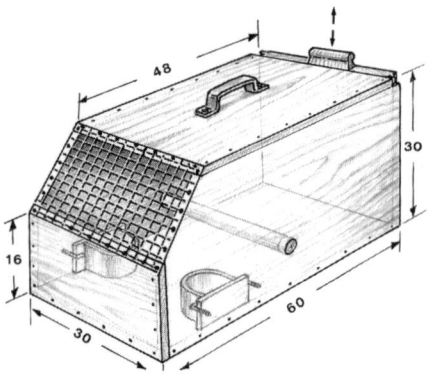

Papageientransportkiste zum Selberbauen. Sie benötigen dazu 10 bis 15 mm dicke Holzplatten und engmaschiges Drahtgeflecht. Geschlossen wird die Kiste an der Rückseite mit Hilfe eines Falltürchens oder einer Klappe.

Wichtig ist, daß der Transportbehälter – bis auf die Luftlöcher oder die drahtbespannte Lüftungsöffnung – geschlossen ist, damit der Vogel während der Fahrt in Bus, Bahn oder Auto nicht von den dauernd wechselnden Eindrücken erschreckt wird und beginnt, wild in seiner Kiste herumzuflattern. Aus diesem Grund sind Käfige zum Transport von Papageien ungeeignet. Der Vogel könnte sich durch das Herumflattern erheblich verletzen.

Die Eingewöhnung

Zu Hause angekommen, entläßt man den Papagei aus seinem Transportbehältnis in den bereitstehenden Käfig, in dem die Futternäpfe schon gefüllt sind und der Boden mit Sand bedeckt ist. Öffnen Sie den Transportbehälter und halten Sie die Öffnung so vor die Käfigtür, daß der Papagei nicht entwischen kann. Gelingt es ihm dennoch zu entfliehen, so vermeiden Sie auf jeden Fall eine »wilde Jagd« auf den vom Transport ohnehin verschreckten Neuankömmling. Nur mit Ruhe, Geduld und vielleicht einem besonderen Leckerbissen wird es Ihnen gelingen, den verängstigten Flüchtling in seine neue Behausung zu locken. Lassen Sie Ihre Amazone während der ersten Tage völlig in Ruhe. Achten Sie nur auf eine ausreichende Futteraufnahme. Bieten Sie dem Vogel anfangs vertrautes Futter an (beim Kauf erfragen) und korrigieren Sie erst später langsam die Nahrungspalette (→ Ernährung, Seite 27).
Hinweis: Auch Volierenvögel zum Eingewöhnen zunächst in einen Käfig setzen, niemals sofort mit Artgenossen oder anderen Vögeln vergesellschaften.
Erste Kotuntersuchung: Nach einigen Tagen des Einlebens, wenn die Amazone ruhiger geworden ist und ihr Kot von nervös bedingtem

Amazonen-Jungen.   ▷
Oben links: Gelbscheitelamazone (8 Wochen alt);
oben rechts: Gelbwangenamazone (6 Wochen alt);
unten: Salvinsamazonen (8 Wochen alt).

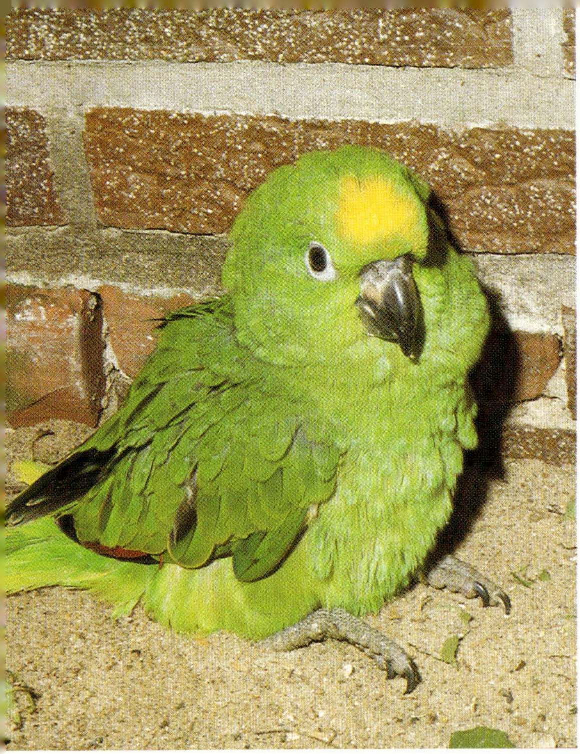

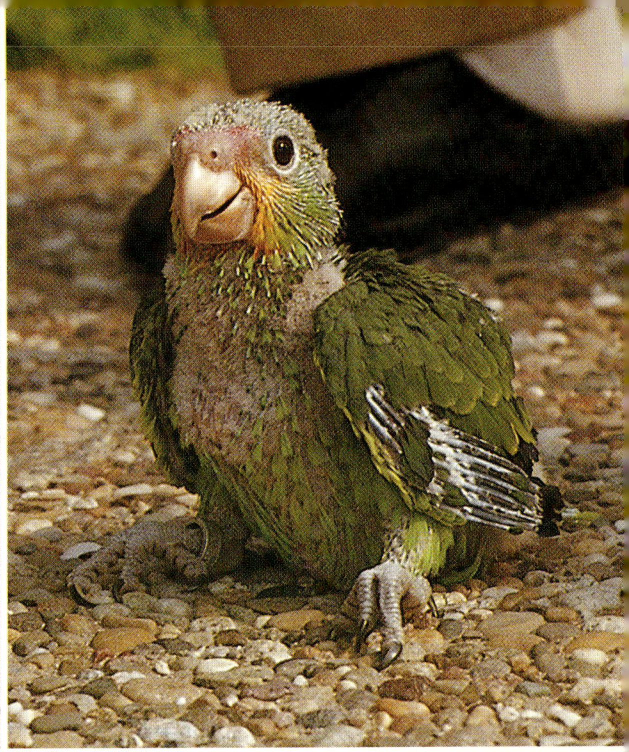

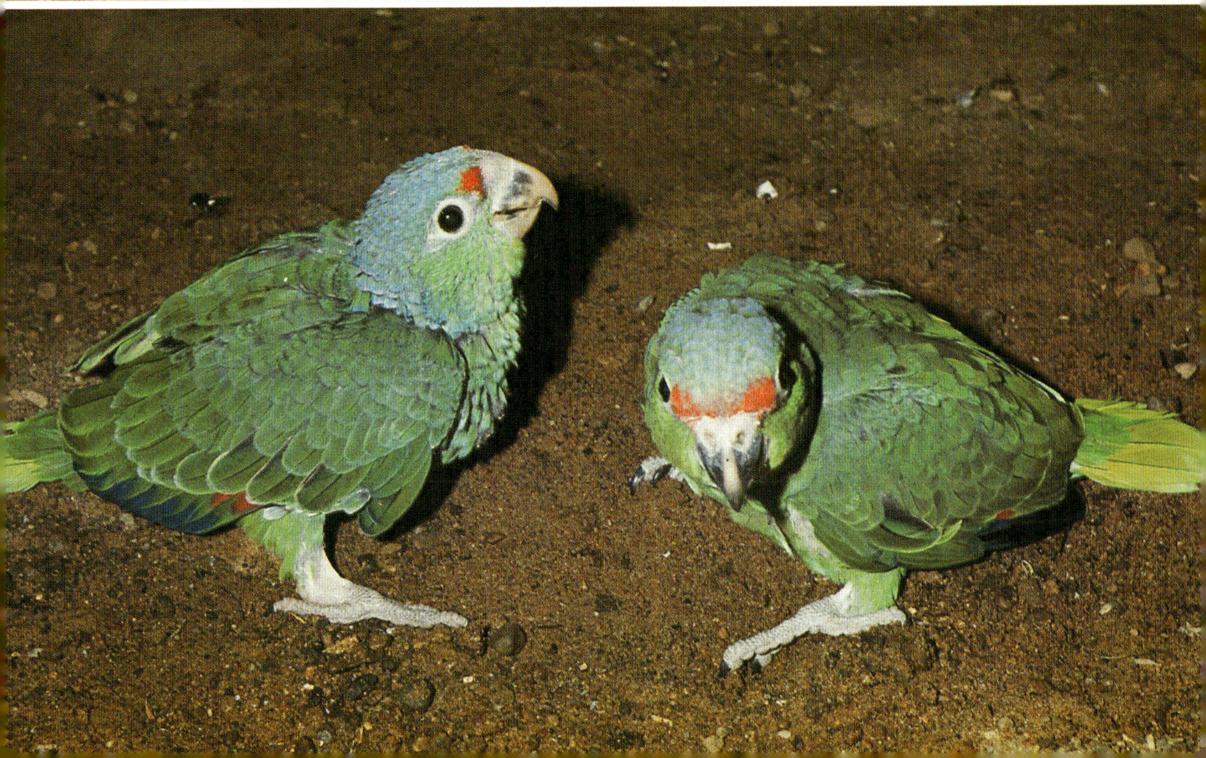

Durchfall zu normaler, fester Konsistenz übergegangen ist, nimmt man eine Kotprobe: Abends wird unter der Sitzstange eine Plastikfolie ausgebreitet, am nächsten Morgen mit dem abgesetzten Kot entfernt, und anschließend wird der Kot in ein sauberes Glastöpfchen gegeben und einem Tierarzt zur Untersuchung gebracht. Sofern eine Behandlung nötig ist, müssen Sie die Anweisungen des Tierarztes genau befolgen.

Einsetzen in eine Voliere

In eine bereits bewohnte Voliere darf der Neuankömmling erst dann umgesetzt werden, wenn sich die erste Kotprobe als erregerfrei erwiesen hat beziehungsweise eine notwendige Behandlung erfolgreich abgeschlossen ist. Dies ist nötig, um die alteingesessenen Volierenbewohner vor Krankheitsübertragungen zu schützen. Außerdem muß der Vogel völlig gesund sein, denn für ihn beginnt jetzt eine weitere anstrengende Zeit der Umstellung und Eingewöhnung. Er muß sich mit neuen Verhältnissen, mit Partnervögeln oder Rivalen vertraut machen und sich gegebenenfalls seine Rangposition und seinen Zugang zum Futternapf erkämpfen. Auf jeden Fall müssen Sie ihm in den ersten Monaten – ebenso wie einem Einzelvogel – besondere Aufmerksamkeit widmen, um bei den ersten Anzeichen von Unwohlsein möglichst schnell eingreifen zu können.

◁ Weißstirnamazone (*Amazona albifrons*) mit einem Apfelstück im Fuß – die meisten Großpapageien benutzen den Fuß wie eine Hand zum Festhalten von Futterbrocken.

Ratschläge für das Handzahmmachen

Eine Amazone gewöhnt sich von allen Papageienarten am schnellsten an die Gegenwart des Menschen und wird im Käfig meist schnell ruhig und vertraut. Die günstigste Ausgangsposition zum Handzahmmachen bietet die Phase der Eingewöhnung und die erste Zeit danach, die der Papagei ausschließlich im Käfig verbringt. Lassen Sie dem Papagei aber zunächst einige Tage Zeit, sich an seine neue Umgebung zu gewöhnen. Er sollte Sie außerdem bereits an Ihrer Stimme erkennen und wissen, daß von Ihnen keine Gefahr droht. Dies sind die wichtigsten Voraussetzungen für das Handzahmmachen.

Der erste Zähmungsschritt: Wenn die Amazone kaum mehr vor Ihnen zurückweicht und ihre menschlichen Mitbewohner interessiert beobachtet, ist es nicht mehr weit, bis sie den ersten Leckerbissen aus der Hand entgegennimmt. Reichen Sie ihr zunächst Leckerbissen in den Käfig hinein. Dabei müssen Sie behutsam und ruhig vorgehen, damit der Vogel nicht erschrickt und mit dem Schnabel nach Ihrer Hand hackt. Mit der Zeit wird die Hand, die den Leckerbissen reicht, immer weniger gefürchtet, und irgendwann ist der Zeitpunkt gekommen, daß Sie Ihre Amazone zum erstenmal spielerisch kraulen können, ohne daß sie zurückschreckt oder gar beißt. Nach einigen Wochen – bei manchen Papageien kann es aber auch länger dauern – hat die Amazone die Hand als Ersatz für die soziale Gefiederpflege, die Papageien sonst untereinander betreiben, akzeptiert und hält früher oder später den Kopf mit leicht gespreizten Nackenfedern als Aufforderung zum Kraulen ans Gitter.

Der zweite Schritt beim Handzahmmachen ist schwieriger. Denn nun soll sich Ihr Papagei daran gewöhnen, auf die Hand zu kommen. Halten Sie ihm ganz ruhig eine Hand hin und bieten Sie ihm in der anderen einen Leckerbissen an, den Sie langsam so zurückziehen, daß er gezwungen ist, einen Fuß auf die hingestreckte Hand zu setzen. Nur mit unendlicher Geduld und regelmäßiger Wiederholung gelingt es schließlich, den Papagei zum Aufsteigen auf die vorgehaltene Hand zu bewegen. Bewahren Sie unbedingt Ruhe und unterlassen Sie alles, was die Amazone erschrecken könnte. Auch wenn sie nach Ihrer Hand hackt oder versucht, Sie zu beißen, bleiben Sie geduldig und denken Sie immer daran: Einen Papagei kann man nicht erziehen wie einen Hund. Strafe in jeder Form ist sinnlos und zerstört nur das mühsam aufgebaute Vertrauensverhältnis.

Wie Amazonen »sprechen« lernen

An ein »Sprachtraining« ist erst dann zu denken, wenn die Amazone weitgehend ihre Scheu abgelegt hat. Da der Vogel in den Abendstunden am aufnahmefähigsten ist, sollte das »Sprechtraining« täglich am Abend stattfinden. Papageien lernen am schnellsten Wörter, in denen viele Selbstlaute (a, e, i, o, u) vorkommen. Das »Trainingsprogramm« beginnt also meist mit Wörtern wie Mama, Papa, Oma oder Hallo. Zischlaute sind für einen Papagei am schwierigsten zu erlernen. Durch häufiges Vorsprechen und regelmäßiges Wiederholen lernt fast jede Amazone einige Wörter. Manche Papageien entwickeln sich – je nach Neigung und Begabung – zu wahren »Sprechkünstlern«, die ganze Sätze oder viele Wörter nachahmen können; andere sind begabte Pfeifer, die Melodien – selbst in verschiedenen Tonlagen – nachpfeifen. Wieder andere sind in der Lage, Geräusche, die häufig in ihrer Umgebung vorkommen, wiederzugeben.
Die Nachahmungen von Amazonen klingen – im Gegensatz zu den Darbietungen eines Graupapageien – meist recht papageienhaft, zum

Teil auch undeutlich und deuten vielfach nur den Tonfall an, in dem man ihnen Wörter oder Sätze vorgesprochen hat beziehungsweise die sie häufig gehört haben.
Erwarten Sie bitte von Ihrer Amazone nicht zu viel, nicht jede Amazone ist ein »Sprechkünstler«, aber fast jede entwickelt sich – richtige Haltung und Pflege vorausgesetzt – zu einem liebenswerten, anhänglichen Hausgenossen.

Warum Papageien »sprechen« können

Papageien zählen zu den Spöttern in der Vogelwelt, also zu jenen Vögeln, die in der Lage sind, Lautäußerungen nachzuahmen. Nur haben Papageien es darin zu einer wahren Meisterschaft gebracht. Dennoch ist jegliche »Sprechäußerung« eines Papageien ein Nachgeplapper, denn den Sinn seiner Worte versteht er nicht. Allerdings können viele Papageien gewisse Sachverhalte sinngemäß miteinander verknüpfen, und so hat es oft den Anschein, als gäben sie manche Worte verstandesgemäß und zum richtigen Zeitpunkt wieder.
Einen Papagei das »Sprechen« oder Nachah-

Bei der Nahrungsaufnahme benutzen Amazonen den Fuß wie eine Hand, um Futterbrocken festzuhalten.

men lehren zu wollen, heißt, seine natürlichen Fähigkeiten zu unterstützen und auszunützen. Es ist aber auf jeden Fall ein Verhalten, das in der Natur bisher nicht festgestellt werden konnte, wenngleich anzunehmen ist, daß Papageien dort häufig gehörte Naturlaute, etwa die Stimmen anderer Tiere, nachahmen.

Spiel und Beschäftigung

Einzeln gehaltene Amazonen brauchen eine regelmäßige Beschäftigung, damit ihr Alleinsein erträglich wird. Papageien, die in Freivolieren leben, sind durch weiträumigere Unterkünfte, verzweigte Sitzäste und Kletterbäume, durch Artgenossen und Brutgeschäft nicht so sehr der Gefahr ausgesetzt, daß sie vor Langeweile dahinvegetieren und verkümmern. Diese Gefahr besteht bei Einzelvögeln dagegen sehr wohl. Wird eine Amazone viel allein gelassen, hat sie weder einen Artgenossen noch einen menschlichen Ersatzpartner regelmäßig um sich, gehen Veränderungen in dem Vogel vor. Die Amazone wird zunächst völlig ruhig, sitzt stunden- und tagelang auf einer Stelle des Sitzastes und verläßt diesen nur gelegentlich zur Futteraufnahme. Häufig werden solche armen Kreaturen zu Dauerschreiern und Federrupfern, manche beginnen sogar, sich selbst zu verstümmeln (→ Federfressen, Federrupfen, Seite 33). Diesen möglichen negativen Entwicklungen müssen Sie durch abwechslungsreiche Beschäftigungsmöglichkeiten oder besser noch durch die Anschaffung eines Partnervogels vorbeugen.

»Spielzeug« für Amazonen

Abwechslung und Beschäftigung bieten Sie Ihrer Amazone, indem Sie den Vogelkäfig (natürlich auch Vogelhaus und Voliere) mit großgliedrigen Ketten und Seilen zum Knabbern und Klettern mit frischen Holzästchen und mit an Ketten baumelnden »Spielzeugen« (zum Beispiel aus Holz oder unbedruckter Pappe) ausstatten. Ihrem Erfindungsreichtum sind dabei kaum Grenzen gesetzt. Je abwechslungsreicher die Beschäftigungsmöglichkeiten sind, umso besser. Wichtig ist, daß das verwendete Material nicht schädlich für den Vogelorganismus ist beziehungsweise nicht zerbissen (etwa Plastikspielzeug) und verschluckt werden kann. All diese Beschäftigungsmöglichkeiten ersetzen aber nicht die tägliche, ausreichende Zuwendung, die Sie Ihrer einzeln gehaltenen Amazone geben müssen!

Beim Duschbad dreht und wendet sich die Amazone und spreizt die Flügel weit auf, damit die Wasserstrahlen das Gefieder überall erreichen.

Freiflug in der Wohnung

Freiflüge in der Wohnung sind aus zwei Gründen nötig: Einmal, um dem Vogel Abwechslung zu verschaffen, zum anderen um ihm ausreichende Bewegungsmöglichkeiten zu bieten. Sobald Ihr Papagei seine Scheu abgelegt hat, sollten Sie ihm die Käfigtüre öffnen und ihn an stundenweisen Aufenthalt außerhalb des Käfigs gewöhnen. Am besten stellen Sie ihm einen Kletterbaum auf. Wenn Sie ihn mit einigen frischen Zweigen bestücken, wird die Amazone ihn bald als Lieblingsplatz annehmen – und das

Interesse an Landeplätzen wie Deckenlampen oder Schrankkanten verlieren.

Lassen Sie den Papagei nur unter Aufsicht im Zimmer umherfliegen und -klettern, da er sich unter Umständen selbst Schaden zufügen (→ Gefahrenkatalog, Seite 26) beziehungsweise die Wohnungseinrichtung mit seinem starken Schnabel beschädigen kann. Das Futter sollte der Papagei immer im Käfig vorfinden, dann wird er schnell lernen, dorthin zurückzuklettern, wenn er Hunger bekommt. Die Nacht sollte er stets im Käfig verbringen.

Die Pflege der Amazone

Das Duschbad

Ein wöchentliches Duschbad hilft Papageien, ihr Gefieder in Ordnung zu halten.

In der Wohnung werden Papageien am besten mit Hilfe eines Wasserzerstäubers (zum Beispiel einer Blumenspritze) oder – im Käfig sitzend – per Handbrause in der Badewanne geduscht. Verwenden Sie nur leicht angewärmtes Wasser, und sorgen Sie für eine sanfte Wasserstrahlung (feindüsige Blumenspritze verwenden, Handbrause nicht zu stark einstellen).

Alle Papageien sind gegenüber solchen Duschmaßnahmen anfangs skeptisch, deshalb muß man sie langsam und vorsichtig mit der wöchentlichen Duschprozedur vertraut machen.

In der Voliere kann im Sommer ein warmer Regenschauer das Duschbad ersetzen, oder die Insassen werden wöchentlich mit einem Wasserschlauch, dem eine feinstrahlige Vorsatzdüse aufgesetzt wird, abgesprüht.

Als Duschzeitpunkt ist der Vormittag günstig, so daß die Papageien zu einem sorgfältigen Putzen des nassen Gefieders angeregt werden und vor Einbruch der Dunkelheit wieder trocken sind.

Alle Papageien lernen das wöchentliche Duschen zu schätzen.

Krallen schneiden

Rauhe Sitzäste in unterschiedlicher Stärke verhindern normalerweise ein übermäßiges Krallenwachstum. Sollten die Krallen dennoch zu lang werden, müssen sie beschnitten werden. Einen zahmen Papagei nehmen Sie dafür auf die Hand, wobei Sie seine Zehen zwischen zwei Fingern fixieren müssen. Einen nicht zahmen Vogel fangen Sie ein (Lederhandschuhe anziehen!) und halten ihn mit beiden Händen fest, während ein Helfer die Krallen schneidet.

Krallen richtig schneiden: Mit Hilfe einer scharfen Nagelzange werden die Krallen bis zur normalen Länge eingekürzt (Schnittführung

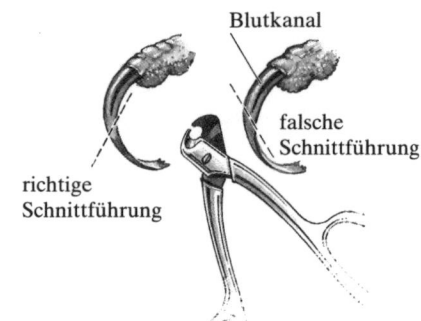

Krallenschneiden: Links richtig, rechts falsch gemacht. Die Blutgefäße dürfen nicht verletzt werden!

→ Zeichnung). Achten Sie darauf, daß der Blutkanal nicht verletzt wird. Bei Amazonenarten, die helle, hornfarbene Krallen haben, ist er gut zu erkennen, wenn man die Krallen gegen eine helle Lichtquelle hält. Bei Amazonen mit dunklen Krallen ist das Krallenschneiden nur mit besonderer Vorsicht vorzunehmen.

Tritt trotz aller Vorsicht dennoch eine Blutung auf, weil die Kralle zu weit gekappt wurde, setzen Sie den Vogel zurück in den Käfig und lassen Sie ihn dort für einige Zeit völlig in Ruhe. Die Blutung kommt dann meist von selbst zum Stillstand; ist das nicht der Fall, sollten Sie einen Tierarzt zu Rate ziehen.

Wichtiger Hinweis: Unerfahrene Papageienhalter sollten sich das Krallenschneiden von einem Tierarzt oder Zoofachhändler zeigen lassen!

Schnabel kürzen

Übermäßiges Schnabelwachstum und insbesondere die gelegentlich im Schnabelbereich entstehenden Deformationen (»Schiefbeißer« zum Beispiel) sind nicht immer mit ungenügenden Abnutzungsmöglichkeiten zu begründen. Manchmal liegt die Ursache in einer Stoffwechselstörung als Folge mangelhafter Ernährung. Schnabelkorrekturen sollten Sie auf keinen Fall selbst durchführen, sondern immer einem erfahrenen Tierarzt überlassen!

Flügelstutzen. An beiden Flügeln werden die Armschwingen und die inneren Handschwingen (weiße Federpartien in der Zeichnung) gekürzt. Niemals einseitig beschneiden! Die Amazone würde bei einem Flugversuch das Gleichgewicht verlieren und zu Boden stürzen.

Pflege des Käfigs

Ein Papageienkäfig muß regelmäßig gereinigt werden, Unsauberkeit kann Krankheiten begünstigen. Folgende Reinigungsarbeiten sind nötig.

Täglich: Futter- und Wassernäpfe säubern, neu füllen, verdorbene Futterreste aus dem Bodenbelag entfernen.

Wöchentlich: Schmutzfangschale entleeren, reinigen, abtrocknen und den Boden mit einer dünnen Schicht sauberen Sandes bestreuen. Sauberen Flußsand verwenden oder den im Zoofachhandel erhältlichen »Vogelsand«, der den Vorteil hat, daß er einen Aniszusatz enthält, der für eine weitgehend geruchsarme Vogelhaltung sorgt.

Achtung: Den Käfigboden nicht mit Zeitungspapier oder gar Alufolie belegen! Es ist für den Papagei gefährlich, wenn er etwas davon aufnimmt. Zudem kann er nicht verdauungsfördernde Magensteinchen (→ Seite 29), die im Sand enthalten sind, aufnehmen.

Halbjährlich: Bei verzinkten oder verchromten Käfigen Sitzstangen und das Drahtgeflecht des Käfigs gründlich unter heißem Wasser abbürsten. Käfige aus Messing mit lauwarmem Wasser abwaschen und mit einem Tuch trocknen.

Bei Bedarf: Plastikfutternäpfe durch neue ersetzen, da sie mit der Zeit unansehnlich werden und dann nicht mehr restlos zu säubern sind.

Reinigung von Schutzhaus und Freivoliere

Täglich: Futter- und Wassernäpfe säubern, neu füllen, verdorbene Futterreste entfernen.

Wöchentlich (oder alle 2 Wochen): Volierenboden ausharken und – wenn nötig – mit einer neuen Sandeinstreu versehen.

Jährlich: Generalreinigung, am besten im Herbst, nach der Brutsaison. Mit Hilfe von Gartenschlauch und Schrubber Vogelhaus und Voliere gründlich reinigen und danach desinfizieren; Sitzäste durch neue ersetzen, Bodenbelag erneuern.

Wichtig: Während der Reinigung müssen alle Papageien ausquartiert werden und dürfen erst wieder in ihre Behausung zurück, wenn die Unterkünfte trocken, die Desinfektionsmittelrückstände weggetrocknet und die Volierenböden mit neuem Sand belegt sind.

Gefahrenkatalog

Gefahren-quelle	Auswirkungen	Vermeiden der Gefahren
Badezimmer	Wegfliegen bei gekipptem Fenster. Ertrinken durch Abrutschen ins offene WC oder gefüllte Waschbecken (Wanne). Vergiftungen durch Putzmittel und Chemikalien.	Papagei aus Badezimmer fernhalten; Badezimmertür niemals offenstehen lassen.
Elektrokabel	Stromschlag durch Benagen oder Durchbeißen; oft mit Todesfolge.	Leitungen unter Putz, Teppichen, hinter Schränken verlegen oder durch Metallhülsen schützen; Stecker ziehen.
Gifte	Vergiftungen; tödlich sind Blei, Grünspan, Nikotin, kunststoffbeschichtete Pfannen, Putz- und Pflanzenschutzmittel, Quecksilber; gesundheitsschädigend sind Bleistiftspitzen, Kugelschreiber- und Filzstiftminen, Alkohol, Kaffee, scharfe Gewürze.	Alle giftigen Gegenstände beziehungsweise Stoffe aus der Umgebung des Vogels entfernen beziehungsweise unerreichbar für ihn aufbewahren. Besondere Vorsicht bei Bleiband von Gardinen, Papageien knabbern gerne daran; möglichst Bleiband entfernen.
Giftige Bäume, Sträucher und Zimmerpflanzen	Vergiftungen, oft mit Todesfolge.	Keine Zweige giftiger Bäume und Sträucher zum Benagen geben. Giftig sind zum Beispiel Zweige von Akazie, Birke, Eibe, Goldregen, Schneeball, schwarzer Heckenkirsche, Stechpalme, Zwergholunder und allen Nadelhölzern. Verhindern, daß Papagei Zimmerpflanzen anknabbert oder frißt.
Glasscheiben	Dagegenfliegen, dadurch Gehirnerschütterung oder Genickbruch.	Glasscheiben (Fenster, Balkontüren, Glaswände) mit Gardinen bedecken oder Papagei an die für ihn unsichtbare Raumbegrenzung gewöhnen: Jalousien zu zwei Drittel herunterlassen, unbedeckte Fläche täglich etwas vergrößern.
Klebemittel	Vergiftungen mit Todesfolge durch verdunstete Lösungsmittel.	Bei Verwendung von Klebemitteln (Reparaturen, Bastelarbeiten, Fußbodenverlegen) alle Tiere aus dem Raum entfernen und nach getaner Arbeit sehr gründlich lüften.
Küche	Dämpfe und Dünste belasten die Atemwege; überhitzte Küche, auch notwendiges Lüften führen zu Erkältungen und Krankheiten anderer Art. Achtung: Verbrennen an heißen (abgeschalteten) Herdplatten, an heißen Speisen in offenen Gefäßen.	Vogel nicht in Küche halten oder regelmäßig gut lüften – darauf achten, daß keine Zugluft entsteht. Auf nicht benutzte heiße Herdplatten Topf mit Wasser stellen; Gefäße zudecken.
Türen	Einklemmen, Zerquetschen bei unachtsamem Schließen oder Öffnen der Tür. Wegfliegen.	Unfall und Entkommen sind nur durch größte Achtsamkeit zu vermeiden.
Zigaretten	Verräucherte Luft schadet, Nikotin ist tödlich.	Am besten in der Umgebung des Vogels nicht rauchen, wenigstens aber regelmäßig lüften (Zugluft vermeiden!). Zigaretten für den Vogel unerreichbar aufbewahren.
Zugluft	Erkältungen, Lungenentzündung.	Zugluft unbedingt vermeiden!

Die richtige Ernährung

Nach den bisherigen Erkenntnissen aus dem Freiland sind Amazonen unspezialisierte Samen- und Fruchtfresser und lassen sich deshalb in Menschenobhut schnell an ein Ersatzfutter gewöhnen.

Die Grundnahrung

Das im Zoofachhandel angebotene Großpapageienfutter wird (in Verbindung mit den nachfolgend genannten übrigen Futterbeigaben!) für Amazonen durchweg als geeignet angesehen. Es besteht aus 60 bis 70% Sonnenblumenkernen, die übrigen 30 bis 40% verteilen sich zu etwa gleichen Teilen auf Erdnüsse, Mais, Hafer, Weizen, Paddyreis und Kardisaat. Zirbelnüsse und Kürbiskerne sind manchmal ebenfalls Bestandteile dieser Mischungen. Wir haben allerdings Zweifel, ob der hohe Fettanteil der Sonnenblumenkerne (54%), die den größten Teil der Mischung ausmachen, auf Dauer den Amazonen besonders zuträglich ist. Deshalb stellen wir die Futtermischung für unsere Papageien selbst zusammen – alle Zutaten bekommen Sie im Zoofachhandel oder Samenfachhandel. Unser Mischungsverhältnis: Etwa 30% Sonnenblumenkerne, 40% Kardisaat sowie etwa 40% andere Sämereien wie Hirse, Darisaat, Paddyreis, Naturreis, Buchweizen, Glanz und Hafer. Erd-, Hasel-, Wal- und Zirbelnüsse sind für viele Amazonen begehrte Leckerbissen. Davon bieten wir unseren Amazonen jedoch nur kleine Mengen an.

Keimfutter

Gekeimte Sämereien werden von vielen Amazonen – wenn sie einmal daran gewöhnt sind – gern gefressen. Für die gesunde Ernährung von Amazonen ist dieses Keimfutter wichtig, vor allem im Winter, wenn es an Grünfutter fehlt und das Obst teuer ist, aber auch kurz vor und während der Jungenaufzucht. Im Handel gibt es Vorrichtungen (sogenannte Keimboxen), die die Herstellung von Keimfutter sehr erleichtern. Gut geeignete Sämereien sind: Hafer, Weizen, auch Kleinsämereien, wie sie für kleine Sittiche, Kanarien und Prachtfinken verwendet werden. Alle Sämereien werden getrennt voneinander vorgekeimt und erst beim Verfüttern zusammen in eine Schale gegeben. Die einfachste Methode zur Herstellung von Keimfutter: Die für zwei Tage benötigte Futtermenge in einen Topf geben, die Samen mit Wasser bedecken und an einen warmen Ort stellen. Nach 24 Stunden die inzwischen aufgequollenen Samen in ein engmaschiges Sieb schütten und unter fließendem Wasser gründlich durchspülen. Danach die Samen auf flache Drahträhmchen verteilen, warm stellen und innerhalb der nächsten 24 Stunden mehrmals gründlich abspülen. Nach zwei oder drei Tagen, je nach Wärmeeinwirkung, sind die Keime bei Hafer und Weizen durchgebrochen. Sie werden noch einmal durchgespült und in einem separaten Futternapf den Papageien angeboten. Geben Sie nur so viel, wie die Papageien in wenigen Stunden zu sich nehmen.

Wichtig: Im Sommer muß der Napf nach wenigen Stunden entfernt und gereinigt werden, da Keimfutter bei warmen Temperaturen schnell verdirbt.

Obst und Grünfutter

In Freiheit decken Papageien einen großen Teil ihres Nahrungsbedarfs durch die Aufnahme von verschiedenem Obst und frischem Grün. Entsprechende Nahrung – also Obst und Grünfutter – gehören somit auch auf den Speiseplan eines Papageien in Menschenobhut.

Obst: Nach Gewöhnung nehmen Papageien alles, was der Handel oder der eigene Garten zu bieten haben: Äpfel, Birnen, Pflaumen, Kirschen, Weintrauben, auch exotische Früchte wie Apfelsinen, Bananen, Mango, Papaya, Kiwis und was sonst noch an Obst zu bekommen ist. Dazu Möhren, Gurken, Kürbis- und Zucchinistückchen, Beeren aller Art (Erd-, Wald-, Preisel-, Stachel-, Johannisbeeren) sowie die roten Früchte der Eberesche und der Heckenrose (Hagebutten).

Grünfutter: Die Palette der geeigneten Grünfutterpflanzen reicht vom Gartengemüse (Salat, Spinat, Mangold, Löwenzahnblätter) bis hin zu unzähligen Wildfutterpflanzen wie Hirtentäschelkraut und Vogelmiere.

Wichtig: Wenn Sie Wildfutterpflanzen selber sammeln, so informieren Sie sich genau in der Fachliteratur (→ Seite 56). Sammeln Sie nur Pflanzen, die Sie genau kennen beziehungsweise bestimmen können.

Vorsicht: Vogelmiere ist leicht mit der giftigen Wolfsmilch zu verwechseln. Sicheres Unterscheidungsmerkmal: Bricht man den Stengel der Wolfsmilch, tritt eine milchige Flüssigkeit aus, bei der Vogelmiere ist das nicht der Fall.

Gut geeignete Futterpflanzen. Links Löwenzahn; rechts Blütenstand und ganze Pflanze von Hirtentäschelkraut; rechts oben Vogelmiere.

Animalische Nahrung

Obwohl Papageien bevorzugt Pflanzen und deren Samen und Früchte zu sich nehmen, benötigen sie auch tierisches Eiweiß. Der Bedarf wird gedeckt durch kleine Mengen von hartgekochtem Ei, Quark, Käse oder Dosenfutter für Hunde – regelmäßig, in etwa zehntägigem Abstand, anbieten.

Für Papageien ungeeignete Nahrung

Stark gewürzte Nahrung vom Familientisch ist für Papageienmägen sehr schädlich. Selbst wenn Ihre Amazone Bettelbewegungen macht und unruhig nach einer Scheibe Wurst oder einem Gulaschhappen »schielt«, gehören solche Dinge nicht zum Speiseplan eines Papageien.

Aufzuchtfutter

Einem brutbereiten Amazonenpaar werden Sie unter Umständen ein Aufzuchtfutter anbieten müssen (→ Amazonenzucht, Seite 40). An das Futter wird das Brutpaar bereits vor dem Schlüpfen der Jungen gewöhnt, damit es während und nach dem Schlüpfen der Jungvögel keine Versorgungsengpässe gibt.

Das Aufzuchtfutter wird aus einem Eifuttergemisch (im Zoofachhandel erhältlich) und geriebenen Möhren hergestellt (die Mischung soll feucht-krümelig sein). Sie können nach Bedarf beispielsweise Vitamine, Futterkalk, Obst, kleingehacktes Ei und Grünfutter untermischen. Um die Amazonen schnell zur Aufnahme des ungewohnten, aber inhaltsreichen Futters zu bewegen, genügt das mehrmalige konsequente Anbieten.

Vitamine und Mineralstoffe

Das beschriebene Nahrungsangebot ist ausgewogen und vollständig. Jedoch im Winter, wenn wenig Obst und Grünfutter zur Verfügung stehen, oder nach dem Urlaub, wenn die »Urlaubsvertretung« den Papageien nur mit dem Nötigsten versorgt hat, empfehlen wir, dem Trinkwasser ein Multivitaminpräparat beizugeben, um Mangelerscheinungen vorzubeugen (Dosierung und Anwendung nach Gebrauchsanleitung).

Die notwendigen Mineralstoffe bekommen Amazonen über einen handelsüblichen Futterkalk, den man einmal wöchentlich über Obst und Keimfutter streut oder unter das Aufzuchtfutter mischt. Dazu brauchen Amazonen Grit oder gewöhnlichen Flußsand, der ebenfalls der Deckung des Mineralstoffbedarfes dient und außerdem die Mahltätigkeit des Muskelmagens unterstützt. Diese Futterbeigaben sind lebensnotwendig, fehlen sie über längere Zeit, können Papageien sogar sterben, weil die Nahrung nicht richtig verarbeitet werden kann. Deshalb sollten Sie immer Sand als Einstreu verwenden und Grit in einem gesonderten Napf reichen.

Trinkwasser

Amazonen brauchen täglich frisches Leitungswasser. In Gegenden mit schlechtem Trinkwasser bereiten Sie das Wasser mit einem Filter auf. Um es bekömmlich zu machen, geben Sie ein Zusatzpräparat (zum Beispiel Avisanol, im Zoofachhandel erhältlich) hinein.

Stellen Sie den Wassernapf nicht in die Nähe der Futternäpfe, denn fast alle Amazonen gehen sehr verschwenderisch mit ihrer Nahrung um und verteilen sie im gesamten Käfig. Die Futterreste würden das Wasser vorzeitig verunreinigen.

Die richtige Fütterung

Um einen Papagei ausgewogen und richtig ernähren zu können, gehören in die Papageienunterkunft vier Futternäpfe: je einen Napf für Körnermischung und sauberes Trinkwasser, einen für kleingezupftes Grünfutter, Obst, Keime (im Wechsel) oder bei Bedarf Aufzuchtfutter, der vierte Napf sollte stets Sand oder Grit enthalten. Achten Sie darauf, daß die Näpfe immer sauber sind, und geben Sie jedem Papagei oder Paar stets die gleichen Näpfe in gewohnter Anordnung.

Fütterungszeit: Füttern Sie immer zur gleichen Zeit, entweder morgens oder am Nachmittag. Wir füttern unsere Amazonen stets zwischen 16 und 17 Uhr, im Winter etwas früher. Sie sind in dieser Zeit sehr aktiv und können außerdem vor Einbruch der Nacht ausreichend Nahrung zu sich nehmen.

Nahrungsmenge: Die angebotene Nahrung sollte etwa zur Hälfte aus trockenen Sämereien, zur anderen Hälfte aus Grünfutter, Obst und Keimfutter bestehen. Vor und während der Jungenaufzucht kann der Anteil an Keimfutter erhöht und das gewohnte Nahrungsangebot durch Aufzuchtfutter angereichert werden. Die tägliche Nahrungsmenge richtet sich nach den Bewegungsmöglichkeiten der Papageien. Käfigvögel, die wenig Bewegung haben, benötigen am Tag etwa 80 g Körner und etwa die gleiche Menge an Obst. Das entspricht jeweils dem Inhalt eines gewöhnlichen Futternapfes, wie er in der Regel einem handelsüblichen Papageienkäfig beigegeben ist.

Bei der Haltung in kleineren Innenvolieren benötigen Amazonen im Winter pro Paar und Tag etwa 180 g Körner zuzüglich Obst. Während der Freivolierensaison (während der warmen Jahreszeit) erhöht sich diese Menge etwa auf 250 g Körner zuzüglich Obst (bei Jungenaufzucht auch auf ein Vielfaches).

Gesunderhaltung und Krankheiten

Bei richtiger Haltung und guter Pflege werden Amazonen in der Regel selten krank. Aber selbst einem erfahrenen Papageienhalter können gelegentlich Pflegefehler unterlaufen, so daß dadurch in ungünstigen Fällen Krankheiten entstehen oder begünstigt werden. Außerdem kann es bei Papageien zur Herabminderung ihrer natürlichen Abwehrkräfte kommen, ohne daß der Pfleger die Gründe dafür erkennen oder beeinflussen kann. Als Folge davon ist eine Erkrankung ebenfalls möglich.

Allgemeine Krankheitszeichen

Es gibt einige deutlich erkennbare Anzeichen, die auf eine mögliche Erkrankung eines Papageien hinweisen. Sie signalisieren jedoch selten die genaue Art der Erkrankung, da viele Krankheiten kein eindeutiges Krankheitsbild zeigen. Auf jeden Fall sollten Sie unverzüglich einen auf Ziervogelkrankheiten spezialisierten Tierarzt aufsuchen, wenn Sie Anzeichen einer Erkrankung bei Ihrer Amazone bemerken. Ein kranker Papagei hat ein ständig aufgeplustertes Gefieder, ruht häufig mit zurückgedrehtem Kopf und zeigt Freßunlust. In manchen Fällen kommen weitere Symptome hinzu, etwa auffallend häufiges Niesen, feuchte und verklebte Nasenlöcher, veränderter Kot oder trübe Augen. Diese Symptome zeigen in der Regel eine Allgemeininfektion an.

Erste-Hilfe-Maßnahmen

Anfänger in der Papageienhaltung sollten niemals versuchen, ihre Amazone selbst zu behandeln. Für sie gilt: Die beste Erste Hilfe ist der unverzügliche Gang zum Tierarzt.
Nur ein sehr erfahrener Papageienpfleger kann möglicherweise unterscheiden, ob seine Amazone nur leicht erkrankt ist, oder ob die Krankheitszeichen auf eine lebensbedrohende Erkrankung hinweisen. In leichten Fällen kann er versuchen, der Amazone durch Infrarot-Bestrahlung zu helfen.
Hinweis: Infrarot-Bestrahlung wird bei vielen Krankheiten vom Tierarzt verordnet. Jeder Amazonenhalter sollte deshalb wissen, wie sie eingeleitet wird.
Infrarot-Bestrahlung: Werden mehrere Papageien in einer Voliere gehalten, muß der erkrankte Vogel von den anderen Volierenbewohnern getrennt werden.
Für die Infrarot-Bestrahlung setzt man den Papagei in einen gewöhnlichen Papageienkäfig, der in einem separaten, ruhigen, hellen, beheizten Raum stehen soll. Der Infrarot-Strahler wird in mindestens 60 cm Entfernung vom Käfig aufgestellt und so auf eine Käfighälfte gerichtet, daß der Papagei im Käfig die für ihn angenehmste Temperaturzone aufsuchen beziehungsweise der Wärme ausweichen kann.
Hinweis: Im Zoofachhandel gibt es für Papageien spezielle Krankenkäfige, die mittels Heiz-

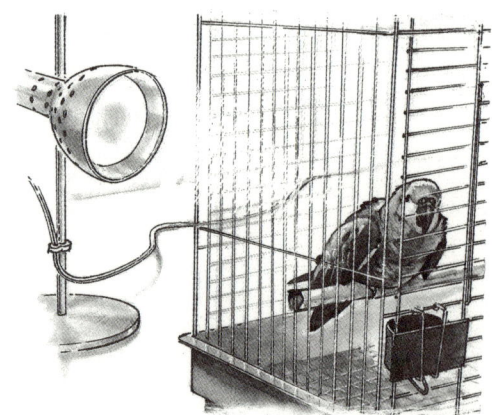

Infrarot-Bestrahlung ist eine heilsame Behandlungsmaßnahme bei vielen Erkrankungen. Die Lampe darf nur eine Käfighälfte bestrahlen, so daß die Amazone dem Wärmestrahl ausweichen kann.

und Glühlampen auf verschiedene Temperaturstufen erwärmt und beleuchtet werden können. Die Vorderfront besteht – je nach Erfordernis – wahlweise aus einer Glasscheibe oder einem Drahtgeflecht. Als Boden dient ein engmaschiges Drahtgeflecht, durch das die Ausscheidungen und Futterreste des Papageien hindurchfallen, so daß er damit nicht in Berührung kommen kann (was bei manchen Erkrankungen sehr wichtig ist).

Fütterung: Während der Krankheitszeit soll ungesüßter, lauwarmer Kamillentee und leichte vitaminhaltige Kost (zum Beispiel Keimfutter, → Seite 27) angeboten werden; Obst und Grünfutter vorübergehend weglassen.

Achtung: Bessert sich der Zustand des Papageien nicht innerhalb weniger Stunden, bleibt nur der Gang zum Tierarzt!

Der Gang zum Tierarzt

Falls Ihnen nicht von einem anderen Papageienhalter oder einem Zoofachhändler die Adresse eines Tierarztes, der Erfahrung mit Papageien hat, bekannt ist, informieren Sie sich telefonisch, ob der Tierarzt Ihrer Wahl entsprechende Erfahrungen besitzt.

Der Transport des Vogels zum Tierarzt muß möglichst schonend erfolgen. Am besten eignet sich eine Transportkiste (→ Seite 18), die Sie mit weichem Material auspolstern (vor allem bei Knochenbrüchen und schlechtem Gesundheitszustand des Vogels).

Wichtig für den Tierarzt sind Hinweise zur Haltung und Fütterung der Amazone, zum Zeitpunkt des Auftretens der Krankheitszeichen und zum bisherigen Verlauf der Krankheit. Hilfreich ist es, wenn Sie sich vorher über Vogelkrankheiten informiert haben (→ rechts; Fachliteratur → Seite 56).

Nehmen Sie am besten gleich eine Kotprobe mit, die der Tierarzt meist unverzüglich untersuchen wird. Nach Diagnose und Behandlung (oft Injektionsbehandlung) wird der Tierarzt in der Regel Medikamente verordnen und Pflegehinweise für den erkrankten Vogel erteilen. Äußert er sich nicht zur weiteren Pflege, so fragen Sie ihn, ob Infrarot-Bestrahlung und leichte Kost (→ Seite 27) für die erkrankte Amazone hilfreich sind.

Die Behandlungsdauer bestimmt der Tierarzt. Halten Sie sich unbedingt genau an seine Anweisungen, auch wenn die Amazone sich sichtbar wohler fühlt und beginnt, im Käfig herumzuturnen. Bei frühzeitig abgebrochener Behandlung sind Rückschläge nicht selten, und die Weiterbehandlung kann dann sehr schwierig sein.

Krankheiten, die häufiger vorkommen

Die nachfolgend beschriebenen Krankheiten werden häufig durch Fehler oder Nachlässigkeiten bei der Haltung und Pflege verursacht oder zumindest begünstigt.

Befall mit Ektoparasiten (Außenparasiten) Papageien können von Milben, Federlingen oder Läusen befallen werden. Die Parasiten leben auf der Körperoberfläche und im Federkleid des befallenen Vogels. Bei gut gehaltenen Papageien nimmt der Befall nur selten größere Ausmaße an.

Krankheitszeichen: Der befallene Vogel ist unruhig, putzt sich auffallend oft und ausdauernd, kratzt sich häufig mit Hilfe der Zehen und Krallen, da er ständig von einem Juckreiz geplagt wird. Allmählich zeigen sich kahle Stellen an Kopf, Bauch und unter den Flügeln.

Mögliche Ursachen: Häufig Nachlässigkeit bei den Reinigungsarbeiten; andere Ursachen möglich (Tierarzt befragen).

Behandlung: Mit einem geeigneten Insektizid (Beratung durch Zoofachhändler oder Tierarzt) den Vogel einpudern und die gesamte Unterkunft behandeln.

Achtung: Um schwere Vergiftungen zu verhindern, achten Sie unbedingt auf folgende Dinge:
• Nur ein Insektizid verwenden, bei dem der Hersteller ausdrücklich angegeben hat, daß es sich für die Anwendung bei Ziervögeln eignet.
• Beim Einpudern des Vogels Augen, Nase und Schnabel sorgfältig mit der Hand schützen.
• Niemals den Vogel mit Spray behandeln.
• Bei der Behandlung der Unterkunft unbedingt alle Vögel herausnehmen.
Vorbeugung: Regelmäßige gründliche Reinigung der Unterkunft, dabei alle Holzteile mit heißem Wasser abbürsten.

Befall mit Endoparasiten (Innenparasiten)
Papageien können vor allem von Bandwürmern (Zestoden), Spulwürmern (Askariden) und Haarwürmern (Capillaria) befallen werden.
Krankheitszeichen: Keine typischen Krankheitserscheinungen, der erkrankte Vogel sitzt oft aufgeplustert herum, magert langsam ab und setzt schleimigen Kot ab. Plötzliche Todesfälle infolge einer Darmverstopfung durch Hunderte von Würmern (meist Spulwürmern) können auftreten.
Mögliche Ursachen: Unsaubere Haltung begünstigt die Krankheit.
Sofortmaßnahme: Kotuntersuchung beim Auftreten der ersten Krankheitszeichen (rechtzeitige Behandlung kann Ausmaß und Folgen von Wurmbefall mildern).
Behandlung: Durch den Tierarzt, nur er kann ein geeignetes Mittel verschreiben; bei der Verabreichung genau seine Anweisungen befolgen, eine Überdosierung kann für den Papagei gefährlich werden.
Vorbeugung: Vogelbehausungen regelmäßig gründlich säubern. Den Kot von Papageien, die in der Freivoliere leben, mehrmals im Jahr auf Würmer untersuchen lassen.

Darmentzündung
Eine der häufigsten Gesundheitsstörungen bei Papageien.
Krankheitszeichen: Allgemeine Krankheitserscheinungen (→ Seite 30), Durchfall, vermehrte Wasseraufnahme (infolge des hohen Flüssigkeitsverlustes), geringere Futteraufnahme, so daß diese Krankheit eine ernste, manchmal lebensbedrohende Gefahr für den Papagei bedeuten kann.
Hinweis: Psychische Faktoren können zu durchfallähnlichen Ausscheidungen führen, die nicht als Folge einer Darmentzündung zu bewerten sind. So kann beispielsweise der Anblick eines in der Luft schwebenden Greifvogels oder einer auf dem Volierendach lauernden Katze, die Angst beim Einfangen durch den Pfleger oder beim Aufeinandertreffen rivalisierender Artgenossen zu plötzlichem wäßrigem Durchfall führen.
Mögliche Ursachen: Verdorbenes Futter, Nahrungsumstellung, Aufnahme von Giftstoffen (zum Beispiel Blei, Bleiband in Gardinen, farbige Bänder, Lacke, Reinigungsmittel), Erkältung, Parasitenbefall, Infektionen.
Sofortmaßnahmen: Kamillentee und leicht verdauliches Futter anbieten, Infrarot-Bestrahlung (→ Seite 30). Möglichst rasch zum Tierarzt gehen und eine Kotprobe mitnehmen, wenn der Vogel einen sehr matten Eindruck macht, oder die Erste-Hilfe-Maßnahmen nicht innerhalb weniger Stunden zur Besserung führen.
Behandlung: Eine medikamentöse Behandlung muß vom Tierarzt angeordnet werden. Seine Anweisungen genau beachten!
Vorbeugung: Ursachen vermeiden beziehungsweise frühzeitig behandeln.

Kokzidiose
Kokzidien sind einzellige Darmparasiten, die in der Darmschleimhaut der Papageien leben.
Krankheitszeichen: Kokzidien können schwere Entzündungen der Darmschleimhaut hervorru-

fen; die Folge davon sind Darmblutungen, Begleiterscheinungen sind Durchfall und Abmagerung.

Mögliche Ursachen: Unsaubere Unterkünfte und schlechter Gesundheitszustand der Vögel begünstigen die Krankheit.

Behandlung: Nur durch den Tierarzt.

Vorbeugung: Regelmäßige gründliche Reinigung und Desinfektion (nach Vorschrift) der Unterkunft, Kotuntersuchungen – wichtig, da bei rechtzeitigem Behandlungsbeginn der Vogel schon nach kurzer Zeit frei von Kokzidien sein kann.

Erkrankungen der Atmungsorgane

Störungen der Atmungsorgane können auf sehr unterschiedlichen Ursachen beruhen. Eine differenzierte Diagnose ist äußerst schwierig, am lebenden Vogel oft unmöglich.

Krankheitszeichen: Allgemeine Krankheitserscheinungen (→ Seite 30), wiederholtes Niesen, feuchte oder verstopfte Nasenlöcher, Ausfluß aus der Nasenhöhle, Atembeschwerden (der Vogel sitzt breitbeinig, atmet mit geöffnetem Schnabel, der Schwanz wippt bei jedem Atemzug auffallend auf und nieder), Atemgeräusche; gelegentlich kommt eine Lidbindehautentzündung dazu.

Mögliche Ursachen: Befall der Atemwege mit Bakterien, Viren oder Pilzen, Erkältungen durch Zugluft oder falsche beziehungsweise plötzlich veränderte Haltungstemperaturen; andere Ursachen sind ebenfalls möglich.

Sofortmaßnahme: Infrarot-Bestrahlung (→ Seite 30). Tritt nach 24 Stunden keine Besserung ein, braucht der Papagei tierärztliche Hilfe. Bei deutlichen Atembeschwerden und Atemgeräuschen sofort zum Tierarzt!

Behandlung: Nur durch den Tierarzt. Rechtzeitiger Behandlungsbeginn kann die Aussicht auf Heilung erhöhen. Nicht in allen Fällen ist eine erfolgreiche Behandlung möglich.

Federfressen, Federrupfen

Eine unangenehme Erscheinung, die wohl zu den psychischen Erkrankungen gehört. Vorrangig betroffen sind einzeln gehaltene Papageien.

Krankheitszeichen: Reichen vom gelegentlichen Auszupfen und Zerbeißen einzelner Deckfedern, vor allem im Schulter- oder Brustbereich, bis hin zum völligen Kahlrupfen des Körpers (mit Ausnahme des nicht erreichbaren Kopfgefieders). Auch Fälle von Selbstverstümmelung, bei denen sogar die Haut oder die darunter befindliche Muskulatur angeknabbert wurde, sind bekannt.

Mögliche Ursachen: Nur unzureichend bekannt, man geht jedoch mittlerweile davon aus, daß das Zusammentreffen mehrerer der folgenden Faktoren das Federfressen oder -rupfen auslöst oder zumindest begünstigt:

Federrupfen. Vor allem einzeln gehaltene Amazonen können zum »Federrupfer« werden. Die beste Abhilfe ist die Anschaffung eines Artgenossen.

- Unzureichende Bewegungsmöglichkeiten (etwa bei der Haltung in engen Käfigen).
- Langeweile (in »sterilen Behausungen«).
- Dauerstreß bei engem Zusammenleben in einer Käfig- oder Volierengemeinschaft.

• Fehlen oder Verlust einer Bezugsperson (vor allem bei einzeln gehaltenen Papageien).

• Fehlen eines Geschlechtspartners bei Eintritt der Geschlechtsreife (vor allem bei Volieren- und Zuchtvögeln).

• Hautkrankheiten, die Juckreiz verursachen.

• Mangelhafte Ernährung, falsche Umgebungstemperatur, unzureichende Luftfeuchtigkeit.

• Fehlende Badegelegenheit oder fehlende regelmäßige Dusche.

Behandlung: Mißstände bei der Haltung und Pflege abstellen! In manchen Fällen ist es sinnvoll, den betroffenen Papagei vom Käfig in eine größere Voliere umzusiedeln, ihm dort ausreichende Beschäftigung in Form von Knabberästen, Ketten, Holzspielzeug, Tau-Enden oder Klettergeräten zu verschaffen; den Vogel gegebenenfalls mit einem Artgenossen vergesellschaften. Beschäftigen Sie sich häufiger und intensiver mit Ihrem Einzelvogel! Die im Handel angepriesenen Mittel gegen Federrupfen haben erfahrungsgemäß in der Regel keine Wirkung.

Vorbeugung: Optimale Haltungsbedingungen, bei Einzelhaltung ausreichende Zuwendung, besser noch Anschaffung eines Artgenossen.

Papageienkrankheit (Psittakose)

Die Papageienkrankheit oder Psittakose gehört keineswegs zu den häufigen Krankheiten der Papageien. Sie soll dennoch kurz besprochen werden, weil sie selbst Laien dem Namen nach bekannt ist und sie ernsthafte und zum Teil lebensgefährliche Krankheitserscheinungen bei Papageien und Menschen hervorrufen kann. Die Psittakose ist eine Infektionskrankheit, die allerdings nicht nur bei Papageien auftritt. Bei über hundert weiteren Vogelarten wurde der Erreger dieser Krankheit nachgewiesen (man spricht in diesem Fall von Ornithose).

Krankheitszeichen: Keine charakteristischen Symptome. Schläfrigkeit, Abmagerung, Durchfall, Lidbindehautentzündung, verminderte Futteraufnahme können Begleiterscheinungen der Erkrankung sein.

Behandlung: Die Krankheit ist meldepflichtig (Gesundheitsbehörde) und muß behandelt werden. Erkrankte Papageien werden nach Anweisung des Amtstierarztes isoliert untergebracht und mit einem geeigneten Antibiotikum behandelt.

Hinweis: Für den Menschen kann eine Psittakoseinfektion zu einer lebensbedrohenden Erkrankung werden. Neben leichteren Erscheinungsbildern, ähnlich denen einer Erkältung oder Grippe, werden auch schwere Erkrankungen mit hohem Fieber und Infektionen der Atmungsorgane beobachtet. Die Erkrankung ist heilbar, wenn sie rechtzeitig erkannt und behandelt wird.

Vorbeugung: Kaum möglich; wichtig ist, daß ein Papagei erregerfrei erworben wird (ausführliche Informationen über Psittakose finden Sie in Fachbüchern und Zeitschriften, → Seite 56). Vorsicht beim Kauf von Papageien aus Massenhaltungen und unhygienischen Anlagen.

Amazonenzucht

Das Washingtoner Artenschutzübereinkommen

Amazonenpapageien gehören zu den vom Aussterben bedrohten Vogelarten. Alle Arten unterliegen den Schutzbestimmungen des Washingtoner Artenschutzübereinkommens (kurz WA genannt), einem Abkommen, dem weltweit inzwischen mehr als 80 Länder beigetreten sind – darunter 1976 die Bundesrepublik Deutschland. Das WA regelt den Handel mit bedrohten Tier- und Pflanzenarten, um deren Rückgang in der Natur entgegenzuwirken. Je nach Grad der Gefährdung sind die bedrohten Tier- und Pflanzenarten in drei Anhängen aufgelistet, für jeden Anhang gelten besondere Schutzbestimmungen. Elf der siebenundzwanzig Amazonenarten sind in Anhang I des WA aufgeführt, das bedeutet, sie sind besonders gefährdet – der Handel mit ihnen ist nicht zulässig. Die übrigen Amazonenarten unterliegen den Schutzbestimmungen des Anhangs II. Für den Handel mit diesen Arten wird eine rechtmäßige Ausfuhrgenehmigung (aus dem Ursprungsland) und eine Einfuhrgenehmigung (in die Bundesrepublik Deutschland) gefordert. Die Ursache für den Rückgang der Naturbestände der Amazonen liegt vor allem in der Zerstörung ihres Lebensraumes. Um Holz und landwirtschaftliche Nutzflächen zu gewinnen, werden die Waldgebiete ihrer Heimat rücksichtslos gerodet. Brut- und Nahrungsbäume der Amazonenpapageien fallen der Motorsäge zum Opfer oder werden von riesigen Planierraupen niedergewalzt. Nicht verschwiegen werden darf, daß auch der Handel mit diesen überaus beliebten Papageien eine ursächliche Rolle spielt. Da es nur sehr wenige nachgezüchtete Amazonen gibt, werden diese Papageien immer noch zu Tausenden gefangen, um die Amazonenliebhaber in aller Welt zu beliefern.

Zucht zur Arterhaltung?

Gegen die Zerstörung der Lebensräume von Amazonen können wir wohl kaum etwas Wirkungsvolles unternehmen, aber in dem Maße, in dem Amazonen nachgezüchtet werden, vermindert sich die Zahl der importierten Wildfänge. Der Artenschutzgedanke findet in letzter Zeit glücklicherweise sowohl bei den Papageienliebhabern als auch bei den Zoofachhändlern immer mehr Gehör. Man ist sich darin einig, daß die Zuchtbemühungen zur Arterhaltung der Amazonenpapageien verstärkt werden müssen. Die Zucht zur Arterhaltung ist jedoch – gerade im Falle der Amazonenpapageien – keine einfache Angelegenheit, dazu einige Anmerkungen:

• Die Amazonenzucht steckt noch in den Kinderschuhen. Zufallserfolge bei der Zucht sind nicht gleichzusetzen mit Artenschutzprogrammen. Die Kenntnisse über erfolgreiche, beständige Zucht beziehungsweise Vermehrungsmöglichkeiten sind noch recht gering. Dennoch lassen sich Zuchtversuche planmäßig betreiben und führen unter gewissen Voraussetzungen früher oder später zum Erfolg.

• Erst wenn es uns gelingt, Amazonen in beachtenswerter Anzahl zu züchten, ist ein erster Schritt auf dem Weg zur Arterhaltung getan.

• Gesunde Nachzuchtvögel sollten vielleicht irgendwann in ihrem ehemaligen Verbreitungsgebiet für Wiedereinbürgerungsversuche zur Verfügung stehen, um die geschwächten Naturbestände zu ergänzen. In einigen Fällen wird eine Ansiedlung in einem Ersatzbiotop aufgrund großräumiger Lebensraumzerstörungen notwendig. Diese Forderung ist mit vielen Schwierigkeiten verbunden, die jedoch an dieser Stelle nicht diskutiert werden sollen. Wir hoffen, daß die vorangegangenen Informationen für möglichst viele Papageienliebhaber ein Ansporn sind, es mit der Zucht zu versuchen.

Die nachfolgenden Anleitungen für planmäßige Zuchtbemühungen sollen dabei helfen, daß ihre Bereitschaft, Amazonen in Menschenobhut zu vermehren, früher oder später von Erfolg gekrönt sein wird.

Gesetzliche Voraussetzungen für die Amazonenzucht

Jede Papageienzucht ist genehmigungspflichtig. Beim Ordnungsamt der Stadt oder des Kreises müssen Sie einen Antrag »Zur Zucht und dem Handel mit Sittichen und Papageien« stellen. Bevor der Antrag genehmigt wird, prüft ein beamteter Veterinär Ihre Sachkenntnis, und er kontrolliert die zur Zucht vorgesehene Papageienunterkunft auf ihre Zweckmäßigkeit. Erhalten Sie die Genehmigung, sind Sie verpflichtet, Ihre Jungvögel mit amtlichen Ringen zu versehen (gegen Vorlage der Zuchtgenehmigung erhältlich beim Zentralverband zoologischer Fachbetriebe, Adresse → Seite 56), und Sie müssen ein Nachweisbuch (erhältlich im Zoofachhandel) führen. In dieses Buch müssen Sie lückenlos die Angaben über Herkunft, Weitergabe, Krankheiten, Behandlungsmaßnahmen und Tod der von Ihnen gehaltenen Papageien eintragen. Nach dem Erteilen der Genehmigung wird in regelmäßigen Abständen eine Inspektion der Papageien vom Amtstierarzt vorgenommen (gebührenpflichtig).

Hinweis: Beachten Sie auch beim Kauf von Zuchttieren die auf Seite 13 genannten Formalitäten beim Papageienkauf.

Verkauf von nachgezüchteten Tieren

Gesetzliche Bestimmungen schränken den Verkauf von nachgezüchteten Papageien ein. Die neue Bundesartenschutzverordnung (BArtSchV) vom 19. Dezember 1986, die am 1. Januar 1987 in Kraft getreten ist, bestimmt in § 12, daß gezüchtete Tiere der besonders geschützten Arten (hierunter fallen auch alle Amazonen-Arten) nicht verkauft oder vermarktet werden dürfen. Nur wenn die Elterntiere bereits in der Gefangenschaft gezeugt und geboren sind, kann für den Verkauf eine Ausnahmegenehmigung nach § 12 Abs. 3 Ziffer 2 BArtSchV von der zuständigen Behörde erteilt werden. Der Tausch oder das Verschenken stellt aber keine »Vermarktung« dar und ist nach den gesetzlichen Bestimmungen zulässig.

Haltungsbedingungen für die Zucht

Die wichtigsten Voraussetzungen, die ausschlaggebend sind für das Gelingen der Amazonenzucht in Stichworten:

• Es muß Ihnen gelingen, zwei geschlechtsreife, miteinander harmonierende verschiedengeschlechtliche Amazonen einer Art zusammenzustellen.

• Bringen Sie das Amazonenpaar möglichst in einer separaten Freivoliere mit heizbarem Schutzraum unter (→ Seite 17), und hängen Sie in den Innenraum einen geeigneten Nistkasten (→ Seite 39). Achten Sie darauf, daß die Papageien nicht ständig gestört werden.

• Berücksichtigen Sie den Zusammenhang zwischen Haltungstemperatur, Mauser- und Fortpflanzungszyklus (→ Seite 39).

• Das Futter muß ausgewogen sein und während der Brutzeit angereichert werden.

Papageien sind geschickte Kletterer. Gelbnackenamazone (*Amazona ochrocephala auropalliata*) und Hellroter Ara (*Ara macao*) in ihrem natürlichen Lebensraum.

Das Brutpaar

Es ist keineswegs damit getan, ein sicher bestimmtes Männchen und Weibchen in eine geeignete Voliere zu setzen und dann auf Nachwuchs zu hoffen. Wesentlich für Nachzuchterfolge ist die gegenseitige »Sympathie« beider Papageien. Harmonieren zwei Amazonen nicht miteinander, sollten sie nach einigen Erprobungswochen wieder getrennt werden. Vorteilhaft ist es, wenn für die Paarbildung jeweils mehrere Amazonen einer Art (möglichst auch der gleichen Unterart) zur Verfügung stehen. Ein so zustandegekommenes Paar wird von Anfang an in einer harmonischen, lebenslangen Partnerschaft zusammenleben und meist ohne größere Zwischenfälle seine Jungen aufziehen.

Hinweis: Auch gleichgeschlechtliche Papageien können ein harmonisches »Paar« bilden, deshalb sollten die Geschlechter der Zuchttiere eindeutig bestimmt sein (→ Seite 12).

Unterbringung und Nistkasten

Nach der Paarbildung ist es ratsam, jedem Paar eine separate Voliere zu geben, in der es vor Störungen durch Artgenossen abgeschirmt ist. Anderenfalls kommt es mit Eintritt der Brutzeit zwischen rivalisierenden Amazonen zu ernsthaften Auseinandersetzungen, die – mangels Ausweichmöglichkeiten in einer Voliere – unter Umständen sogar tödlich enden können.
Der Nistkasten wird zum Schutz vor Kälte, Wind und Nässe am besten im Innenraum, möglichst hoch unter der Decke angebracht. Für alle in diesem Buch beschriebenen Amazonenarten geeignet sind Nistkästen mit den Ma-

ßen: Höhe 80 bis 100 cm, Innendurchmesser 30 bis 35 cm, Schlupflochdurchmesser 10 bis 12 cm (Weißstirnamazonen nehmen auch mit kleineren Kästen vorlieb). Praktische Nistkästen bekommen Sie im Zoofachhandel. Sie haben im unteren Bereich eine Kontrollöffnung, durch die man in das Kasteninnere schauen kann, um die Jungvögel zu kontrollieren oder auch abgestorbene Eier herauszunehmen. Eine Einlage aus feuchtem Holzmulm sorgt für die richtige Lagerung der Eier unter dem Gewicht des brütenden Amazonenweibchens.

Hinweis: Nach der Brutzeit den Nistkasten entfernen, reinigen, desinfizieren, gegebenenfalls reparieren und bis zum Beginn der nächsten Fortpflanzungsperiode trocken aufbewahren.

Haltungstemperatur, Mauser- und Fortpflanzungszyklus

Zwischen Haltungstemperatur, dem Brutzyklus und der Mauserzeit besteht bei Papageien ein wichtiger Zusammenhang: Papageien schreiten während der Mauser in der Regel nicht zur Brut. Die Papageien müssen an einen Lebensrhythmus gewöhnt werden, bei dem die Brut zu einem in unseren Breiten klimatisch günstigen Zeitpunkt (also im Sommer) stattfinden kann und die Mauser erst anschließend einsetzt. Durch Haltungsmaßnahmen läßt sich solch ein Rhythmus erreichen.
Folgender Jahresrhythmus ist notwendig: Im April/Mai, wenn es in Mitteleuropa langsam wärmer wird, muß die Balzzeit beginnen. Im Frühsommer soll die Eiablage und Brut erfolgen, die Aufzucht der Jungen darf bis Ende September dauern. Danach muß für vier bis acht Wochen die Mauser stattfinden, so daß die Papageien vor Eintritt des Winters ihr während der Brut zerschlissenes Gefieder durch ein neues ersetzen können und wieder vollständig wärmegeschützt den Winter gut überstehen. Wie der Jahresrhythmus erreicht wird: Im Winter und Frühjahr, von Anfang November bis

◁ Akrobatische Kunststücke beim Nahrungserwerb – Gelbnackenamazone in ihrem natürlichen Lebensraum.

Anfang April wird die Unterkunft der Papageien nur auf etwa 6 bis 8° C erwärmt. Der Einbruch der warmen Jahreszeit bringt die Papageien in Brutstimmung, und sie beginnen mit dem Brutgeschäft. Die Mauser liegt dann – wie gewünscht – im Herbst. Allerdings dauert die Umstellung auf den beschriebenen, für die Zucht günstigen Jahresrhythmus im Durchschnitt zwei Jahre, wird dann aber auch künftig eingehalten.

Achtung: Wärmegewohnte Stubenvögel und frisch importierte Amazonen müssen im Laufe von mehreren Monaten ganz langsam an die genannten niedrigen Haltungstemperaturen gewöhnt werden!

Fütterung der Zuchtvögel

Zur Zucht vorgesehene Papageien erhalten in den Wintermonaten die übliche ausgewogene Papageiennahrung (→ Die richtige Ernährung, Seite 27). Vor dem Einsetzen der Brutzeit wird das Futter durch zusätzliche Gaben von stimulierend wirkenden Nahrungsbestandteilen angereichert, um die Vögel in Brutstimmung zu bringen (zum Beispiel gekeimte Saat oder auch eingeweichte und anschließend gekochte Hülsenfrüchte). Gleichzeitig ist es ratsam, die Altvögel zusätzlich an ein vitamin- und proteinreiches Aufzuchtfutter zu gewöhnen, das alle wichtigen Nährstoffe für die Jungbrut enthält (→ Aufzuchtfutter, Seite 28).

Balz und Paarung

Mit Einsetzen des wärmeren Wetters, manchmal schon im April, meist jedoch erst im Mai, beginnen die Amazonen mit der Balz. Bei neuverpaarten Amazonen kann sie recht auffällig und lautstark verlaufen (ausführliche Beschreibung des Balzverhaltens → Seite 45). Ausgiebige soziale Gefiederpflege, lautstarkes Geschrei und zaghafte Fütterungsversuche des Männchens (Partnerfüttern, manchmal auch Balzfüttern genannt) begleiten die Balz, die meist nur einige Tage, manchmal auch wenige Wochen andauern kann. Bei mehrjährigen Paaren, die bereits mehrfach gemeinsam zur Brut geschritten sind, können Teilelemente des Balzverhaltens ausfallen. In einigen Fällen kommt es sogar ohne vorherige Werbung spontan zur Paarung (Kopula → Seite 46).

Geeignete Bruthöhlen: Links: Ausgehöhlter Baumstamm (im Zoofachhandel erhältlich), die seitlich herausgeschnittene Kontrolltür wird mit einem Metallstift geschlossen. Rechts: Selbstgebauter Nistkasten. Deckel und Kontrolltürchen sind aufklappbar.

Mit der ersten Kopula geht die Balzzeit dem Ende zu. Immer häufiger werden die Begattungen, die manchmal viele Sekunden lang anhalten.

Eiablage und Brut

Wenn das Weibchen stundenlang in der Bruthöhle hockt und auffallend große Kotmengen abgibt, sind das Anzeichen für die bevorstehende Eiablage. In Menschenobhut legen Amazonenpapageien meist Ende Mai/Anfang Juni zwei bis vier reinweiße Eier auf dem Holzmulm des Nistkastenbodens ab.

Mit der Ablage des zweiten Eies beginnt das Weibchen mit der Brut, die – je nach Witterung und Brutaktivität – 26 bis 28 Tage in Anspruch nimmt. Meist brütet das Weibchen allein, aber nicht selten hockt das Männchen neben dem Weibchen im Nistkasten, beziehungsweise sucht das Männchen das Weibchen dort auf, um es mit Nahrung zu versorgen.

Das Schlüpfen der Jungen und ihre Aufzucht

Die Jungen schlüpfen im zeitlichen Abstand der Eiablage. Vermutlich leistet das Weibchen Schlüpfhilfe beim Aufpicken der Eischalen. Frisch geschlüpfte Amazonen sind – wie alle Nesthocker – nackt, kaum beflaumt, blind und äußerst hilflos. Sie benötigen zwischen 70 und 100 Tage, ehe sie in Größe und Gewicht den Eltern ähneln, ein vollständiges Federkleid ausgebildet haben und in der Lage sind, sich selbständig mit Nahrung zu versorgen. In dieser Zeit haben beide Elternvögel viel mit der Nahrungsbeschaffung zu tun.

Fütterung der Jungen: Das Männchen nimmt aus den Futternäpfen Nahrung auf und schluckt sie in den Kropf, wo ein erster Verdauungsprozeß einsetzt. Den vorverdauten Futterschleim verfüttert es daraufhin an sein Weibchen, welches ihn – wiederum im Kropf vorverdaut – schließlich hervorwürgt und an die Jungen weitergibt. Junge Papageien haben in den ersten Lebenswochen einen schaufelförmig verbreiterten Unterschnabel, in den das Weibchen die anfangs dünnflüssige Nahrung hineingibt. Später, wenn die Jungen älter geworden sind, beteiligt sich auch das Männchen direkt an der Fütterung.

Beim Fütterungsvorgang verkreuzt der fütternde Elternteil den eigenen Schnabel mit dem des Jungvogels, würgt unter pumpenden Halsbewegungen Nahrung aus dem Kropf hervor und übergibt sie unter rüttelnden Auf- und Abwärtsbewegungen dem Jungvogel.

Entwicklungsstadien der Amazonenjungen

Drei Junge im Alter von 7, 9 und 10 Tagen – ihre Augen sind noch geschlossen, sie öffnen sich zwischen dem 15. und dem 26. Lebenstag.

Eizahn

15 Tage alter Jungvogel – die Federkiele an den Flügeln werden sichtbar.

Amazone im Alter von 26 Tagen – die Befiederung an Flügeln, Kopf und Schwanz ist jetzt deutlich zu erkennen.

Handaufzucht

Nicht selten kommt es vor, daß Amazonenpapageien – vor allem unerfahrene Erstbrüter –
Eier zerstören und geschlüpfte Jungvögel töten
oder aufgrund häufiger Störungen das Gelege
verlassen. In diesem Fall hat man, sofern man
die Situation frühzeitig erkennt, die Chance,
Eier im Kunstbrüter (Inkubator) zur weiteren
Entwicklung zu bringen, die geschlüpften Jungen – beziehungsweise die verlassenen Jungvögel – von Hand aufzuziehen. Diese Möglichkeit
sollte jedoch nur als Notlösung angesehen werden, da handaufgezogene Jungvögel in frühe-
ster Kindheit eine Prägung auf den Menschen
erfahren und damit später für Zuchtzwecke
schwieriger einzusetzen sind. Handaufzucht,
um lediglich zahme und anhängliche Jungvögel
zu bekommen, ist aus der Sicht engagierter
Papageienliebhaber abzulehnen.

Wenn die Eltern den Nistkasten nicht mehr
aufsuchen und die Gefahr besteht, daß die
Jungvögel sterben, muß der Pfleger natürlich
helfend eingreifen.

Haltung: Papageienküken werden in einem auf
etwa 36 °C erwärmten Behälter gehalten (Infrarot-Strahler und der auf Seite 30 beschriebene
Krankenkäfig leisten gute Dienste).

Fütterung und Futter: Anfangs werden die Jungen etwa alle zwei Stunden zwischen 6.00 und
24.00 Uhr mit Nahrung versorgt. Bei frischge-
schlüpften Papageien beginnt man erst am
zweiten Tag mit der Fütterung. Als Futterbrei
ist Säuglingsnahrung in Pulverform gut geeignet. Sie wird mit Wasser vermischt und in zwei-
bis dreitägigen Abständen mit Vitamin- und
Mineralstoffbeigaben versetzt. Der Brei muß
beim Füttern eine Temperatur von 40 bis 41 °C
haben. Er muß täglich frisch angerührt werden.

Mit zunehmendem Alter der Jungvögel kann
der zeitliche Abstand zwischen zwei Fütterun-
gen größer werden (etwa alle drei bis vier Stunden), der Brei kann mit kleingeschnittenem
Eigelb, Obst und Grünzeug dann auch gröber
sein und seine Temperatur niedriger (lau-
warm).

Handaufzucht. Von den Eltern verlassene Jungvögel
können von Hand aufgezogen werden. Mit einem
Teelöffel wird dem Jungen der Futterbrei eingeflößt.

Schwierig ist es, den Übergang zwischen Brei
und fester Körnernahrung zu erreichen. Man
sollte deshalb die junge Amazone Schritt für
Schritt an eine Nahrungsaufnahme aus dem
Futternapf gewöhnen. Anfangs findet sie dort
ihren gewohnten Brei vor, später dann weiches
Obst und Grünzeug und schließlich auch Sämereien, erst gemahlen oder enthülst, dann vollständig. Damit der Jungvogel das Enthülsen
der Sämereien lernt, ist es gut, wenn er einem
Artgenossen im Nachbarkäfig beim Enthülsen
von Sämereien zuschauen kann. Achten Sie auf
die Umgebungstemperatur, Zugluft und plötzli-
cher Temperaturwechsel schaden dem Jungvogel. Erst bei vollständiger Befiederung ist eine
Haltung bei Zimmertemperatur (ohne zusätzliche Wärmequelle) möglich.

Verhalten der Amazonen

Wie Amazonen in der Natur zusammen leben

Amazonenpapageien sind von Natur aus sehr soziale Vögel, die in ihrer Heimat in Gruppen zusammenleben und ihr Verhalten nach der Beziehung zu den Artgenossen ausrichten. Die Gruppengröße richtet sich nach dem vorhandenen Nahrungsangebot und nach dem Zweck des Zusammenschlusses (zum Beispiel Nahrungssuche, Schlafgemeinschaft). Außerhalb der Brutzeit und in Zeiten üppigen Pflanzen- und Früchtewachstums finden sich häufig riesige Schwärme, die mehrere hundert Vögel umfassen können, zusammen. Sie gehen vielfach gemeinschaftlich auf Nahrungssuche, fliegen oft täglich viele Kilometer weit, um bevorzugte Früchte oder Fruchtteile systematisch von Baum zu Baum abzuernten. Manche Amazonen haben sich zu regelrechten Teilziehern entwickelt, die ihre Standorte mehrmals im Jahr – abhängig von der Fruchtreife – wechseln. Andere sind mehr oder minder standorttreu, unternehmen aber täglich ausgedehnte Flüge zu ihren Nahrungsgründen.

Vor Dämmerungsanbruch fliegen die Amazonen an ihre Übernachtungsplätze zurück. Je nach Gruppengröße benutzen sie gemeinsam einen Schlafbaum oder mehrere nebeneinanderliegende Bäume, die sie dicht besetzen und lautstark gegeneinander verteidigen.

Dauerhafte Paarbindungen gehen die Amazonen erst nach Eintritt der Geschlechtsreife ein. Paare sind während des Fluges und beim Übernachten wegen des engen Zusammenhaltes und körperlichen Kontaktes meist gut auszumachen. Jungvögel und subadulte (noch nicht geschlechtsreife) Amazonen schließen sich häufig zu Junggesellenverbänden zusammen, in denen die Paare später zusammenfinden. Diese Paarbildung ist noch nicht sexuell motiviert, man kann sie als eine Art Verlobungszeit betrachten.

Mit Beginn der Brutzeit verändern die Amazonen ihr Verhalten in der Gruppe. Sie werden ihren Artgenossen gegenüber zunehmend aggressiver, verteidigen ihre Schlafplätze und sondern sich immer mehr von der Gruppe ab. In zum Teil entfernt gelegenen Brutgebieten besetzen die Paare geeignete Bruthöhlen und vermutlich auch Reviere, die sie gegen jeden Eindringling energisch verteidigen. Als Bruthöhle benutzen Amazonenpapageien ausgediente Spechthöhlen oder ausgefaulte Baumhöhlungen, die sie mit ihren starken Schnäbeln erweitern. Die auf den Höhlenboden fallenden Holzspäne sowie bereits darin befindlicher Holzmulm werden nicht aus der Nistkammer entfernt, sondern dienen der richtigen Lagerung der Eier und halten die notwendige hohe Luftfeuchtigkeit in der Höhle konstant.

Die Eiablage erfolgt nach der Balz. Das Weibchen legt – je nach Art – zwei bis vier (fünf) Eier, die es 26 bis 28 Tage bebrütet.

Die Aufzucht der Jungen dauert 10 bis 14 Wochen. Wenn die Jungen selbständig sind, wird der kleine Familienverband aufgelöst, und die Elterntiere schließen sich mit anderen Paaren zu einer Gruppe zusammen. Die Jungvögel bleiben noch eine Zeitlang in der Nähe der Eltern, werden aber zunehmend selbständiger und schließen sich kurz über lang mit gleichaltrigen Amazonen zusammen.

Wichtige Verhaltensweisen der Amazonen

Bisher weiß man leider nur recht wenig über das Verhalten der Amazonen; wissenschaftliche Verhaltensstudien liegen noch nicht vor. Um dem Amazonenhalter zu helfen, seine Amazone besser verstehen zu lernen und ihn zu eigenen Beobachtungen anzuregen, berichten wir über die häufigsten bekannten Verhaltensweisen von Amazonen.

Verhalten der Amazonen

Wie Amazonen sich fortbewegen

Amazonen klettern gerne, bei Käfig- und Volierenvögeln gewinnt man den Eindruck, als sei das Klettern die bevorzugte Bewegungsart von Amazonenpapageien. Doch ihr Flugvermögen und ihr Flugbedürfnis sollte man nicht unterschätzen, vor allem wenn man bedenkt, daß viele Amazonen weite Flüge zur Nahrungssuche unternehmen. In geräumigen Freivolieren ist zu beobachten, daß sie rege von ihren Flügeln Gebrauch machen. Manche Arten, wie die Weißstirn-, Grünwangen-, Blaukappen- und Venezuelaamazonen sind sehr geschickte Flieger, während Blaustirnamazonen und einige Rassen der Gelbscheitelamazonen eher schwerfällig und »hubschrauberartig« fliegen. Auf jeden Fall haben Amazonen ein großes Bewegungsbedürfnis. Der Papageienhalter muß für ausreichende Bewegungsmöglichkeiten sorgen. Auf den Boden gehen Amazonen nur ungerne, auf ebenen Flächen bewegen sie sich unbeholfen mit nach innen gestellten Vorderzehen (sie »watscheln«).

Die Nahrungsaufnahme

Sämereien werden mit Hilfe der Zunge im Schnabel enthülst, Obst und Grünfutter mit dem Schnabel zerkleinert. Die gesamte Nahrung wird im Kropf zuerst gespeichert und vorverdaut, bevor sie dem übrigen Verdauungssystem zur Verwertung zugeführt wird.
Wie fast alle Großpapageien benutzen auch Amazonen den Fuß wie eine Hand, um größere Futterbrocken festzuhalten und zum Zerkleinern an den Schnabel zu führen.
Mit ihrer Nahrung gehen Amazonen sehr verschwenderisch um, daran muß sich jeder Papageienhalter gewöhnen; sie knabbern Früchte an und lassen sie dann unbeachtet liegen, manche durchwühlen sogar den Futternapf nach bevorzugten Sämereien und schleudern die weniger beliebten Körner mit einem »Schnabelstreich« aus dem Napf heraus.

Die Körperpflege

Die Amazone putzt mehrmals täglich ihr Gefieder, die einzelnen Federn werden dabei durch den Schnabel gezogen und so gereinigt. Schmutz und Futterreste am Schnabel beseitigt die Amazone, indem sie den Schnabel an einer harten Unterlage, zum Beispiel an der Sitzstange, reibt. Die Zehen werden mit dem Schnabel gesäubert. Zur Unterstützung der Körperpflegemaßnahmen brauchen Amazonen in Menschenobhut ein Duschbad oder eine mit Wasser gefüllte Badeschale.

Putzen. Amazonen putzen mehrmals täglich ihr Gefieder, die einzelnen Federn werden dabei durch den Schnabel gezogen und so gereinigt.

Soziales Verhalten

Amazonen zeigen im Zusammenleben mit Artgenossen sehr ausgeprägte und für den Beobachter oft beeindruckende Verhaltensweisen.

Soziale Gefiederpflege

Das gegenseitige Kraulen und Putzen des Gefieders erfüllt bei einem Papageienpaar zwei Aufgaben: Kopf- und Steißgefieder, das der Papagei mit seinem Schnabel selbst nicht erreichen kann, werden vom Partner gesäubert. Zum anderen hat die soziale Gefiederpflege eine wichtige Aufgabe bei der Paarbindung und bei der Paarfestigung. In Konfliktsituationen ist häufig zu beobachten, daß Amazonen sich dicht nebeneinander setzen und sich gegenseitig das Gefieder putzen, offenbar um sich des Partnerbundes zu vergewissern. In kritischen Situationen, beispielsweise wenn sich ein Hund oder ein unbekannter Mensch nähert, in denen man eigentlich eine Reaktion wie Flucht oder Angriff erwarten würde, kraulen sie sich erst einmal, bevor sie situationsgemäß reagieren. Dieses Verhalten wird von den Verhaltensforschern so erklärt: Die beiden Vögel befinden sich in diesem Moment in einem Konflikt zwischen Flucht und Angriff, was schließlich zu einer scheinbar völlig deplazierten Verhaltensweise, nämlich der sozialen Gefiederpflege führt. Dieses Verhalten wird als »Übersprungbewegung« bezeichnet.

Balzverhalten

Zum Balzverhalten der Amazonen gehören neben der sozialen Gefiederpflege noch eine ganze Reihe von anderen Verhaltensweisen: Imponierverhalten: Das Amazonenmännchen sichert sein Brutrevier – auch in einer Voliere – schon frühzeitig und schirmt es durch ein auffälliges Verhalten ab. So stolziert es, oftmals lauthals schreiend, auf einem exponierten Platz seines Revieres in aufrechter Pose mit abgestelltem Flügelbug und gespreizten Schwanzfedern auf und ab. Dadurch wirkt es größer und abschreckender auf rivalisierende Artgenossen und auch auf Vögel verwandter Papageienarten. Verstärkt wird dieser Eindruck noch durch optische Signale, nämlich die beim Öffnen der Flügel und dem Spreizen des Schwanzes sichtbaren auffälligen Gefiederfarben, die in starkem Kontrast zum übrigen, meist grüngefärbten Körpergefieder stehen.

Mit der Zeit steigert sich die aggressive Stimmung des Männchens, und dem Imponier- und Drohgehabe folgt eine Zeit der Angriffsbereit-

schaft. Jetzt können Volierenmitbewohner und sogar der Pfleger das Opfer von gefährlichen Attacken werden, die für die Volierenmitbewohner nicht selten tödlich, für den Menschen oft blutig abgehen. Während der Brut sichert das Männchen so die Nahrungsvorräte gegen Konkurrenten ab und verteidigt Nisthöhle, Weibchen und später die Jungvögel vor Feinden.

Das Imponiergehabe verstärkt sich immer mehr, neben dem Öffnen der Flügel und dem Spreizen des Schwanzes werden auch noch zusätzlich Nacken- und Vorderrückengefieder abgespreizt. Das Männchen stolziert dabei hin und her, dreht und wendet sich, um auch ja überall gesehen zu werden. Dazu demonstriert es in Abständen seine Schnabelkraft, indem es mit kräftigen Beißbewegungen Holzsplitter von seinem Sitzast abspleißt und zu Boden wirft.

Gähnende Amazonen. Papageien gähnen aus Müdigkeit, um Sauerstoff aufzunehmen oder um die Schnabelpartie zu strecken. Ein Amazonenpaar zeigt oft zur gleichen Zeit gleiche Verhaltensweisen wie hier das Gähnen.

Taucht das auserwählte Weibchen auf, so hat es den Anschein, als wolle das Männchen seine Bemühungen noch verstärken. Noch größer und aufrechter posierend wirbt es um die Gunst des Weibchens, legt sich noch bereitwilliger und aggressiver mit den benachbarten Volierenbewohnern an, und es wird dabei durch lautstarke, beinahe aufmunternd wirkende Schreie des Weibchens »angefeuert«. Spätestens zu diesem Zeitpunkt hat das Imponiergehabe seine höchste Ausprägung erreicht.

Das Weibchen nimmt die Werbeversuche des Männchens zu Anfang sehr gelassen hin und weicht ihm bei Kopulationsversuchen zuerst heftig knurrend oder sich zur Wehr setzend aus; mit der Zeit duldet es jedoch seine Annäherungen. Aggressionsmindernd und paarfestigend wirkt die soziale Gefiederpflege. Sie ist ein wichtiger Bestandteil der Balz.

Partnerfüttern: Kurz vor der Kopulation kommt eine weitere Verhaltensweise ins Spiel, die wie die soziale Gefiederpflege eine zweifache Funktion hat: das Partnerfüttern, das nun besonders häufig zu beobachten ist. Es dient einerseits als aggressionsminderndes Element zur Verstärkung der Paarbindung; zum anderen probiert das Männchen den angeborenen Fütterungsmechanismus aus. Es würgt unter pumpenden Bewegungen vorverdauten Futterbrei aus dem Kropf hervor und versucht, diesen dem Weibchen zu übergeben. Es dauert manchmal eine ganze Zeit, bis dieser Vorgang reibungslos funktioniert. Doch nur wenn die Futterübergabe erfolgreich abläuft, ist gewährleistet, daß später, während der Brut und Jungenaufzucht, Weibchen und Jungvögel vom Männchen in ausreichendem Maße mit Nahrung versorgt werden können.

Kopulation: Die Balzzeit dauert nur einige Tage, manchmal wenige Wochen, das Weibchen verschließt sich schließlich den Annäherungsversuchen des Männchens nicht mehr und fordert es in niedergeduckter Haltung und mit zitternden, abgestellten Flügeln zur Begattung auf. Mit der Kopulation geht die Balzzeit dem Ende zu, und wenige Tage später beginnt das Weibchen nach erfolgter Eiablage mit der Brut. Nach 26 bis 28 Tagen schlüpfen die Jungen.

Wie Amazonen Gegnern drohen

Amazonen leben relativ friedfertig miteinander, größere Kämpfe, die mit Verletzungen oder gar Tod des Gegners enden, kommen selten vor. Da der Platz in einer Voliere aber kaum ausreicht, um einem balzenden und imponierenden Amazonenmännchen weit genug auszuweichen, sind dort Kämpfe nicht ganz auszuschließen. Kleinere Auseinandersetzungen um Futter oder Ruhe- und Schlafplätze sind während des ganzen Jahres über zu beobachten. Rückt eine Amazone der anderen zu nahe, wird mit erhobenem Fuß gedroht, um den »Eindringling« fernzuhalten. Folgt die angedrohte Amazone nicht dieser Aufforderung, so kann es zu einem regelrechten Fußgefecht kommen. Dabei wird keiner der Kontrahenten verletzt, der Unterlegene räumt nach der Auseinandersetzung in der Regel seinen Platz. Bedrohlich für den Beobachter wirkt das Schnabelgefecht, bei dem der Angreifer seinen Schnabel gegen Kopf, Schulter und Schnabel des Gegners richtet, der die Attacken meist pariert. Beide Vögel bleiben dabei aber unverletzt, da die natürliche soziale Beißhemmung ein ernsthaftes Zubeißen verhindert, auch wenn sich viele Chancen dazu bieten.

Hinweis: Wenn es zwischen zwei Amazonen über längere Zeit häufiger zu Reibereien kommt, sollte der Halter die Vögel trennen und versuchen, ihnen jeweils andere Partner zuzugesellen.

Farbenprächtige Amazonenarten. ▷
Oben links: Taubenhalsamazone (*Amazona vinacea*) – nicht im Handel erhältlich, ist in Anhang I, der »Roten Liste« des WA aufgeführt; oben rechts: Gelbwangenamazone (*Amazona autumnalis autumnalis*); unten links: Weißstirnamazone (*Amazona albifrons*); unten rechts: Gelbkopfamazone (*Amazona ochrocephala belizensis*).

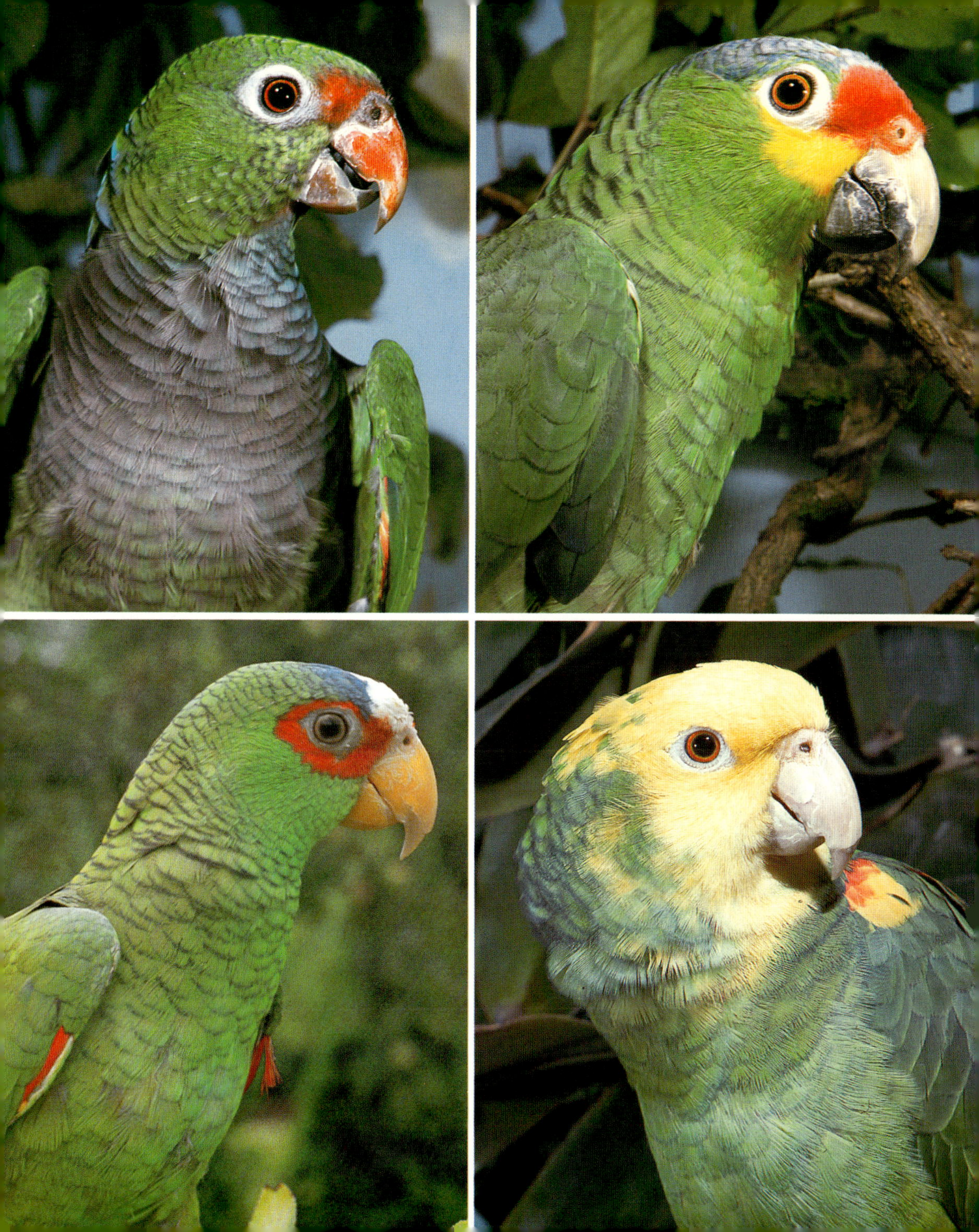

Beliebte Amazonenarten

Wissenswertes über Amazonen

Amazonenpapageien gehören zu den Papageienvögeln, die mit rund 330 Arten eine eigene Ordnung innerhalb der etwa 8600 Arten umfassenden Wirbeltiergruppe der Vögel bilden. Papageienvögel unterscheiden sich durch ihren Körperbau, den »Krummschnabel«, die Zehenstellung (zwei Zehen weisen nach vorne, zwei nach hinten) und die Greiffüße sehr deutlich von anderen Vogelgruppen. Ihre nächsten Verwandten sind die Eulen, Tauben und Kuckucksvögel.

Papageienvögel leben in allen Erdteilen mit Ausnahme von Europa. Sie bewohnen vorwiegend die tropischen und subtropischen Klimazonen, nur wenige Arten leben in unwirtlichen Regionen, die zeitweise von Frost beziehungsweise Schneefall heimgesucht werden.

Die Amazonengattung: Die Amazonenpapageien wurden das erste Mal von Lesson wissenschaftlich beschrieben. Sie erhielten den lateinischen Gattungsnamen *Amazona*. Zu dieser Gruppe gehören 27 mittelgroße bis große Papageienarten, die in der Mehrzahl vorwiegend grün gefärbt sind und einen kurzen, abgerundeten Schwanz haben.

Verbreitung: Amazonenpapageien kommen nur in Süd- und Mittelamerika einschließlich der Westindischen Inseln vor. Im Norden reicht das Verbreitungsgebiet mehrerer Arten (Blaukappen-, Weißstirn-, Grünwangen-, Gelbwangen-, Gelbscheitelamazone) bis nach Mexiko und die angrenzenden USA. Im Süden erreicht die gelbflügelige Rasse der Blaustirnamazone noch den Nordosten Argentiniens und den nordwestlichen Zipfel von Uruguay. Die Mehrzahl der Arten konzentriert sich auf den tropischen Klimagürtel zwischen dem nördlichen und südlichen Wendekreis. Ihr Verbreitungsgebiet umfaßt in der Längenausdehnung (von Nord nach Süd) mehr als 5000 Kilometer.

Tropisches Urwaldklima mit gleichbleibend hoher Temperatur und Luftfeuchtigkeit sowie tropisches Savannenklima mit kurzen Trockenperioden kennzeichnen die Klimaregionen, in denen Amazonenpapageien zu Hause sind.

Häufig gehaltene Amazonenarten

In der Vergangenheit sind von den 27 Amazonenarten fast alle in mehr oder weniger großer Zahl zu irgendeinem Zeitpunkt einmal nach Europa gelangt. Aufgrund der Artenschutzbestimmungen (→ Seite 35) werden heute nur noch regelmäßig drei Arten importiert (Venezuela-, Blaustirn- und Mülleramazone). Fünf weitere Arten (Gelbscheitel-, Weißstirn-, Grünwangen-, Blaukappen- und Gelbwangenamazone) kommen wesentlich seltener in den Handel. Alle acht Arten dürfen – unter Einhaltung der Schutzbestimmungen – importiert werden. Sie werden nachfolgend ausführlich beschrieben.

Venezuelaamazone   Foto Seite 48
Amazona amazonica (3 Rassen)

Beschreibung: Gesamtlänge 32 cm; Männchen und Weibchen: Grundgefiederfärbung grün; Stirn und Scheitel unregelmäßig blau-gelb; Wangen gelb; Flügelrand gelb-grün; Flügelspiegel rot; Schwanzfedern grün, an den äußeren Federn Innenfahnen zum Teil rot; Schnabel hornfarben, zur Spitze dunkler; Füße grau; unbefiederter Augenring grau; Iris gelb-orange.

◁ Venezuelaamazone (*Amazona amazonica*).

Beliebte Amazonenarten

Verbreitung: Gesamter Norden Südamerikas mit Ausnahme der andinen Gebiete im Westen und der Küstengebiete Ost-Brasiliens; im Süden in Teilen Boliviens und im nördlichen Zipfel von Paraguay.

Lebensraum: Feuchte Wälder und Mangrovensumpfgebiete.

Haltung: Wird von allen Amazonenarten am häufigsten eingeführt. Gut zu zähmende, gelehrige, aber weniger »sprachbegabte« Art, die im Käfig und auch in Freivolieren gut zu halten und wenig krankheitsanfällig ist; in geräumigen Volieren ist die Vergesellschaftung mehrerer Tiere möglich.

Zucht: Nur wenige Male gelungen; deutsche Erstzucht 1978 bei A. Mitterhuber in Weil am Rhein. Gelege 2 bis 3 Eier, Brutzeit 28 Tage, Nestlingszeit 8 bis 10 Wochen; Jungvögel sind weitgehend grün gefärbt, nur wenige blaue und gelbe Federansätze im Kopfbereich.

Blaustirnamazone

Amazona aestiva (2 Rassen)
Fotos Umschlagvorderseite, Umschlagseite 2 und 3, Umschlagrückseite

Beschreibung: Gesamtlänge 37 cm; Männchen und Weibchen: Grundgefiederfärbung grün; Stirn und Zügel hellblau; Scheitel, Augenregion, bei manchen Tieren auch Kehle, Vorderbrust und Schenkel gelb; unbefiederter Augenring grau-blau; Flügelbug rot, meist gelb durchsetzt; Flügelspiegel und Schwanzfedern an der Basis rot; Schnabel schwarz; Füße blaugrau; Iris rot bis orange. Bei der Rasse *Amazona aestiva xanthopteryx* ist der Flügelbug vornehmlich gelb gefärbt.

Verbreitung: Die Nominatform in großen Teilen Brasiliens; die Rasse *Amazona aestiva xanthopteryx* in Nordbolivien, Teilen Brasiliens, Paraguays und Nord-Argentiniens.

Lebensraum: Vorwiegend Wälder im tropischen und subtropischen Klimagürtel.

Haltung: Beliebte und seit Jahrzehnten bekannte Art. Leicht zähmbar, gute Nachahmungsbegabung, aber auch unüberhörbare Naturlaute; robust und widerstandsfähig bei Käfig- und Volierenhaltung. Mit Eintritt der Geschlechtsreife – vor allem bei Einzelvögeln – häufig Wesenswandel: Steigerung der Aggressivität, Balz, Kopulationsversuche und Schein-

bruten im Zimmerkäfig; neurotische Zwangsbewegungen, manchmal Neigung zum Federrupfen.

Zucht: Mehrfach gelungen, aufgrund ständig eintreffender zahlenstarker Importe jedoch bis vor wenigen Jahren kaum angestrebt, somit keineswegs regelmäßiger Brutvogel in Menschenobhut. Geschlechtsunterscheidung schwierig, jedoch haben adulte Weibchen vermutlich rote, Männchen orange gefärbte Iriden. Gelege 2 bis 5 Eier, Brutzeit 28 Tage, Nestlingszeit 55 bis 60 Tage; Jungvögel gleichen den adulten Tieren, jedoch in allen Farben matter.

Mülleramazone   Foto Seite 10
Amazona farinosa (5 Rassen)

Beschreibung: Gesamtlänge 38 bis 40 cm. Männchen und Weibchen: Grundgefiederfärbung grün; Oberseite grün, mit gräulichem, mehligem Aussehen;

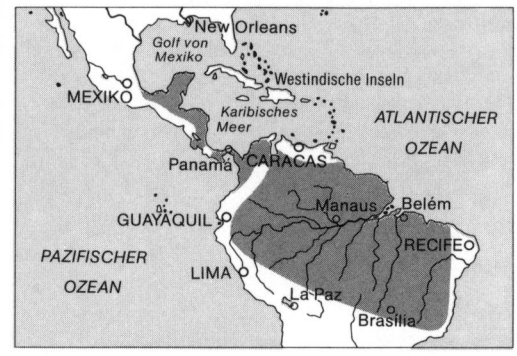

einige Federn des Scheitels gelb; Flügelrand und -spiegel rot; gelblich-grünes Band am Schwanzende; unbefiederter Augenring weiß; Schnabel dunkelhornfarben mit einem gelb gefärbten Bereich an der Basis des Oberschnabels; Füße grau; Iris braunrot. Bei der Rasse *Amazona farinosa inornata* fehlt die gelbe Färbung im Scheitelbereich; bei *Amazona farinosa guatemalae* sind Scheitel und Nacken bläulich gefärbt.

Verbreitung: Von Mexiko im Norden bis zur südbrasilianischen Atlantikküste im Süden; im nordwestlichen Teil Südamerikas.

Lebensraum: Lichte Regenwälder und die Waldrandzone; dichte Urwälder werden weitgehend gemieden.

Haltung: Größte derzeit im Handel befindliche Art, mit ruhigem, scheinbar »ausgeglichenem« Wesen, behäbigen Bewegungen, aber durchdringenden Lautäußerungen. Wird schnell zahm und verträgt sich gut mit Artgenossen. Ist widerstandsfähig und somit gut für die Freivolierenhaltung geeignet.

Zucht: Bisher kaum gelungen; deutsche Erstzucht (*Amazona farinosa guatemalae*) 1984 bei W. Burkard, Benningen; dort Ablage eines Dreiergeleges; Brutzeit um 28 Tage, Nestlingszeit um 8 Wochen.

Gelbscheitelamazone

Amazona ochrocephala (9 Rassen)
Fotos Seite 10, 11, 37 und 47

Beschreibung: Gesamtlänge 35 cm; Männchen und Weibchen: Grundgefiederfärbung grün; Scheitel (manchmal auch Stirn) gelb; Flügelbug und Flügelspiegel hellrot; Schwanzunterseite gelblich-grün mit einem roten Tupfen an der Basis jeder Schwanzfeder; Schnabel dunkelgrau, Oberschnabel zur Basis hin rosarot; Füße grau; unbefiederter Augenring weiß; Iris orange.

Verbreitung: Südamerika, von den Guayana-Staaten und Venezuela im Osten bis zu den kolumbianischen Anden im Westen; Insel Trinidad.

Amazona ochrocephala panamensis gleicht der Nominatform, jedoch Stirn gelb, Schnabel hornfarben mit dunkler Oberschnabelspitze, Füße fleischfarben; kleiner (33 cm).

Verbreitung: Panama und die tropischen Tiefländer in Nordkolumbien.

Amazona ochrocephala auropalliata gleicht der Nominatform, jedoch Nackenpartie gelb, Schnabel hornfarben-grau, Augenring grau, Füße fleischfarben; größer (39 cm).

Verbreitung: Mittelamerika, von Südwest-Mexiko im Norden bis Costa Rica im Süden.

Amazona ochrocephala oratrix gleicht der Nominatform, jedoch Kopf und Hals gelb, Schnabel hornfarben, Füße heller; größer (41 cm).

Verbreitung: Mexiko.

Amazona ochrocephala belizensis gleicht der Oratrix-Rasse, jedoch geringere Gelbausdehnung am Kopf.

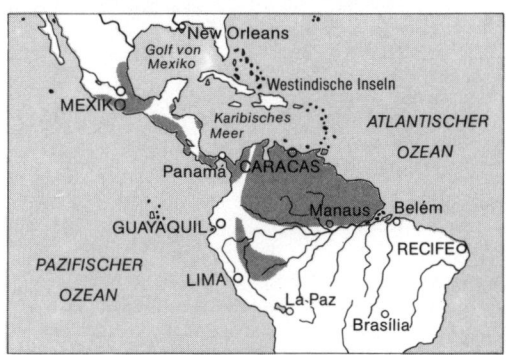

Verbreitung: Honduras.

Die übrigen Rassen gelangen nur vereinzelt oder unerkannt in den Handel.

Für manche – sehr häufig gehaltene – Rassen haben sich eigene deutsche Namen eingebürgert:

• *Amazona ochrocephala ochrocephala:* Surinamamazone,

• *Amazona ochrocephala panamensis:* Panamaamazone,

• *Amazona ochrocephala auropalliata:* Gelbnackenamazone,

• *Amazona ochrocephala oratrix* und *Amazona ochrocephala belizensis:* Doppelgelbkopfamazone.

Haltung: Kaum noch importiert, aufgrund großer früherer Importe jedoch überaus häufig. Robuste, widerstandsfähige Käfig- und Volierenvögel; alle Rassen sind leicht zu zähmen und verfügen über eine ausgezeichnete Nachahmungsbegabung, aber auch lautstarke Naturlaute, die sie verstärkt während der Fortpflanzungszeit äußern.

Beliebte Amazonenarten

Zucht: Bei mehreren Rassen gelegentlich gelungen. Gelege 3 bis 4 Eier, Brutzeit 26 bis 28 Tage, Nestlingszeit 12 Wochen.

Weißstirnamazone Fotos Seite 20 und 47
Amazona albifrons (3 Rassen)

Beschreibung: Gesamtlänge 27 cm; Männchen: Grundgefiederfärbung grün; Stirn weiß; Scheitel grün-blau; Augenumgebung und Zügel rot; Augenring unbefiedert, grau-weiß; Flügelbug rot; Schnabel gelblich; Beine hellgrau; Iris gelblich; Weibchen: Gleicht dem Männchen, jedoch ohne rote Flügelbugfärbung.
Verbreitung: Von der Westküste Mexikos über Guatemala, Honduras und El Salvador bis Costa Rica.
Lebensraum: Trockene Busch- und Laubwälder; nur gelegentlich tropische Regenwaldgebiete.
Haltung: Kaum noch im Handel; Weibchen stets in der Minderzahl. Jungvögel sind an der dunklen Iris und vor allem der gelblichen statt weißen Stirnfärbung erkennbar. Einzeln gehalten sollen sie schnell zahm werden und eine beachtliche »Sprechbegabung« an den Tag legen; bei Haltung in der Voliere meist scheu und schreckhaft; in geräumigen Volieren geschickte Flieger.
Zucht: Männchen und Weibchen sind farblich voneinander zu unterscheiden. Deutsche Erstzucht erst 1977 bei H. Müller, Walsrode; seither Zuchterfolge bei mehreren Papageienliebhabern; Gelege 3 bis 4, ausnahmsweise 5 Eier, Brutdauer 28 Tage, Nestlingszeit etwa 70 Tage.

Grünwangenamazone Foto Seite 10
Amazona viridigenalis

Beschreibung: Gesamtlänge 33 cm; Männchen und Weibchen: Grundgefiederfärbung grün; Stirn und Scheitel rot; halbmondförmiges, blauviolettes Band im Bereich der Wangen; Handdecken blau und rot; Schnabel gelblich, mit weißer Wachshaut; unbefiederter Augenring weiß; Beine grau; Iris gelb.
Verbreitung: Ausschließlich im Nordosten Mexikos.
Lebensraum: Waldgebiete entlang von Flußläufen, Getreideanbaugebiete in feuchten Tiefebenen, lichte, trockene, kiefernbestandene Bergkämme, tropische Wälder der Canyons.

Haltung: Wird nicht mehr importiert; gelegentlich kommen Tiere aus Privathand, darunter einige wenige Nachzuchtvögel, in den Handel. Für Käfighaltung weniger geeignet; dort sind Einzelvögel sehr träge; auch in Freivolieren weniger lebhaft als andere Arten; haben durchdringende Lautäußerungen.
Zucht: Adulte Männchen und Weibchen sind deutlich zu unterscheiden aufgrund der unterschiedlichen Ausdehnung der roten Kopfplatte (geringere Ausdehnung bei Weibchen). Erste Zuchten um 1970 in Afrika und England; deutsche Erstzucht 1982 bei den Verfassern dieses Buches; Gelege 2 bis 3 Eier; Brutzeit 28 Tage; Nestlingszeit rund 70 Tage; selbständige Nahrungsaufnahme mit etwa 120 Tagen.

Beliebte Amazonenarten

Blaukappenamazone   Foto Seite 10
Amazona finschi (2 Rassen)

Beschreibung: Gesamtlänge 33 cm; Männchen und Weibchen: Grundgefiederfärbung grün, Nacken und Oberseite mit schwarzen Säumen; Stirn und Zügel rotbraun; Scheitel, Nacken und halbmondförmig angeordnete Wangenfedern bläulich-weiß; Schwingen blau-schwarz; Schnabel hornfarben; Füße grau; Iris orange.
Verbreitung: Westliches Mexiko.
Lebensraum: Flachland, bewaldete Bergregionen bis zu Höhen von etwa 2200 m, gelegentlich in Getreidefeldern und Bananenplantagen.

Haltung: Letzte größere Importe um 1980, inzwischen nicht mehr eingeführt. Im Verhalten ähnlich der Grünwangenamazone, aber lebhafter; recht fluggewandt; für Käfighaltung weniger geeignet, wenngleich Jungvögel zahm werden können.
Zucht: Bisher nur im englischsprachigen Raum vereinzelte Handaufzuchten gelungen; Brutzeit vermutlich 28 Tage; Nestlingszeit um 60 bis 70 Tage.

Gelbwangenamazone Fotos Seite 9, 19 und 47
Amazona autumnalis (4 Rassen)

Beschreibung: Gesamtlänge 34 cm; Männchen und Weibchen: Grundgefiederfärbung grün; Stirn und Zügel scharlachrot; Scheitel und vereinzelte Nackenfedern hellblau; Wangen gelb; Flügelspiegel rot; Handschwingen blau-schwarz; Schnabel dunkelhornfarben; Füße grau; unbefiederter Augenring weiß; Iris goldbraun bis dunkelbraun; der Rasse *Amazona autumnalis salvini* (Salvinsamazone) fehlt die gelbe Wangenfärbung; bei *Amazona autumnalis lilacina* (Ecuadoramazone) ist der Scheitel lila-blau, die Ohrgegend grün, der Vorderwangen- und Halsbereich gelblich-grün; *Amazona autumnalis diadema* (Diademamazone) ähnelt der Salvinsamazone, sie unterscheidet sich von dieser vor allem durch die dichte, rote, haarähnliche Befiederung der Nasenhaut.
Verbreitung: Nominatform an der Ostküste Mexikos, auf der Halbinsel Belize, Guatemala und Honduras; *Amazona autumnalis salvini* in Nicaragua, Costa Rica, Panama und an der Westküste Kolumbiens; *Amazona autumnalis lilacina* nur in Ecuador; *Amazona autumnalis diadema* im Inneren Brasiliens.
Lebensraum: Tropische Tieflandwälder und Waldrandzonen.
Haltung: Gelbwangenamazonen gelangten gelegentlich, Salvins- und Ecuadoramazonen sehr selten und Diademamazonen nicht in den Handel; gelegentlich angebotene Vögel sind meist aus Privathand. Alle bekannten Rassen sind gut an Käfig- und Volierenverhältnisse zu gewöhnen; lassen sich leicht zähmen und haben ein angenehmes Wesen. Ihre »Sprechbegabung« ist nicht sonderlich groß; die Lautäußerungen sind durchdringend und monoton.
Zucht: Nur vereinzelt gelungen; erste Erfolge mit der Ecuadoramazone um 1946 in USA, mit der Nominatform 1956 in England; erste Zuchten in Deutschland 1983 bei S. Maindok, Alzey (Nominatform) und bei K. H. Uhlenkott, Ahaus (vermutlich Salvinsamazone); Gelege 3 Eier; Brutzeit 26 bis 28 Tage; keine genauen Angaben über Nestlingszeit.

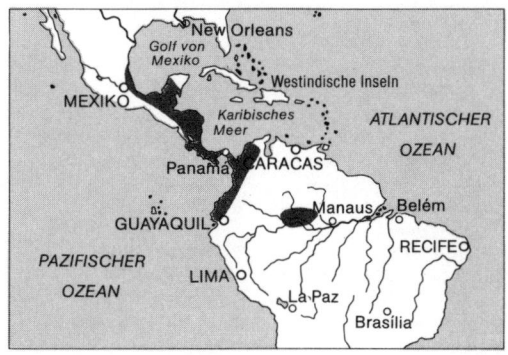

Arten- und Sachregister

Die **halbfett** gesetzten Seitenzahlen verweisen auf Farbfotos. U = Umschlagseite

Ratgeber für Papageien- und Sittich-Liebhaber

Werner Lantermann
Das GU Papageienbuch
Der praktische Ratgeber für Papageienbesitzer,
die mehr über Wesen, artgerechte Haltung und Zucht
ihrer Vögel wissen möchten. Mit neuen Erkenntnissen
von Ornithologen, Tierärzten und Papageienzüchtern.
144 Seiten mit 50 Farbfotos, 30 Zeichnungen und
35 Verbreitungskarten. Paperback.

Annette Wolter
Der Graupapagei
Der praktische Ratgeber, unentbehrlich für alle, die
einen Graupapagei halten. Mit 20 Farbfotos, speziell
für dieses Buch aufgenommen. 56 Seiten. Paperback.

Kurt Kolar
Unzertrennliche – Agaporniden
Antworten auf alle Fragen der Agapornidenhaltung,
leicht verständlich – auch für Kinder. Mit wichtigen
Erkenntnissen von Ornithologen, Tierärzten und
Kleinpapageien-Züchtern. Und mit praktischem Rat
aus persönlicher Erfahrung des Autors. 72 Seiten mit
26 Farbfotos und vielen Zeichnungen. Paperback.

Annette Wolter
Wellensittiche
Dieses Buch ist eine Liebeserklärung an die Wellen-
sittiche dieser Welt! Gewidmet allen Menschen, die mit
Wellensittichen leben und sich bemühen, ihnen ein
guter Freund und Beschützer zu sein. Wichtige Fragen

der Wellensittichhaltung wie Anschaffung, Pflege,
Ernährung und „was tun" bei Krankheiten, werden hier
fachkundig beantwortet. 72 Seiten, 20 Farbfotos,
Zeichnungen. Paperback.

Annette Wolter
Nymphensittiche
Antworten auf alle Fragen der Nymphensittichhaltung,
leicht verständlich – auch für Kinder. Mit neuen
Erkenntnissen von Ornithologen, Tierärzten und
Nymphensittich-Züchtern. Und mit praktischem Rat
aus persönlicher Erfahrung der Autorin. 72 Seiten mit
17 Farbfotos und vielen Zeichnungen. Paperback.

Immanuel Birmelin/Annette Wolter
Das GU Wellensittich Buch
Der praktische Ratgeber für Wellensittichbesitzer, die
mehr über das Wesen und die artgemäße Haltung ihrer
Vögel wissen möchten. Mit neuen Erkenntnissen von
Vogelforschern, Tierärzten und Sittichzüchtern.
144 Seiten mit 40 Farbfotos und 50 Zeichnungen.
Paperback.

Adressen und Literatur

Bücher, die weiterhelfen

Aeckerlein, W.: *Die Er-
nährung des Vogels.*
Ulmer-Verlag, Stuttgart,
1986
Bosch, K.; Wedde, U.:
Amazonen. Müller-Verlag,
Bomlitz, 1985
Delpy, K.-H.: *Volieren.*
Philler-Verlag, Minden,
1975
Ebert, U.: *Vogelkrankhei-
ten.* Schaper-Verlag, Han-
nover, 1985
Grahl, W. de: *Papageien.*
Ulmer-Verlag, Stuttgart,
1985
Hoppe, D.: *Amazonen.*
Ulmer-Verlag, Stuttgart,
1984
Lantermann, W.: *Das GU
Papageienbuch.* Gräfe und
Unzer Verlag, München,
1986
Lantermann, W. und S.:
*Die Papageien Mittel- und
Südamerikas.* Schaper-
Verlag, Hannover, 1986
Lantermann, W.: *Die
Blaustirnamazone – ihre
Biologie, Ethologie und
Haltung.* Müller-Verlag,
Bomlitz, 1987
Low, R.: *Das Papageien-
buch.* Übersetzt und bear-
beitet von K. Kolar,
Ulmer-Verlag, Stuttgart,
1984
Pinter, H.: *Handbuch der
Papageienkunde.* Kosmos-
Verlag, Stuttgart, 1979
Robiller, F.: *Käfige und
Volieren in Haus und Gar-
ten.* Neumann-Neudamm-
Verlag, Melsungen, 1983
Schnabl, H.: *Wild-, Kultur-
pflanzen, Futtermischun-
gen und animalische Futter-
stoffe zur Vogelernährung.*
Ornibook-Verlag, Kürten,
1984

Zeitschriften

Die Gefiederte Welt.
Ulmer-Verlag,
Postfach 70 05 61, 7000
Stuttgart 70

Die Voliere. Verlag M. und
H. Schaper,
Postfach 81 06 69, 3000
Hannover 81

Adressen, die weiterhelfen

Vereine (Züchterverbände)

Vereinigung für Arten-
schutz, Vogelhaltung und
Vogelzucht (AZ e. V.);
Arbeitsgemeinschaft der
Züchter von Papageienar-
ten (AGZ). Geschäfts-
stelle: Generalsekretär
G. Wittenbrock, Vor der
Elm 1, D-2860 Osterholz-
Scharmbeck.
Fachblatt: AZ-Nachrich-
ten
Exotis, Schweizerische
Vereinigung für Zucht und
Pflege exotischer Vögel;
Papageienzüchtergemein-
schaft (PZG). Geschäfts-
stelle: Exotis, c/o Erika
Rusterholz, Bachserstraße,
CH-8173 Neerach.
Zeitschrift: Gefiederter
Freund
Zoologische Gesellschaft
Österreichs. Haus des
Meeres, A-1060 Wien,
Esterhazypark

Fragen zur Tierhaltung beantworten:

Ihr Zoofachhändler

Zentralverband Zoologi-
scher Fachbetriebe
Deutschlands e. V., Rhein-
straße 35, Postfach 14 20,
6070 Langen, Telefon
(0 61 03) 2 30 95
Industrieverband Heim-
tierbedarf (IHV) e. V.,
Emanuel-Leutze-Straße 1,
Postfach 11 06 26, 4000
Düsseldorf 11, Telefon
(02 11) 59 40 74

Blaustirnamazone   ▷